U0088140

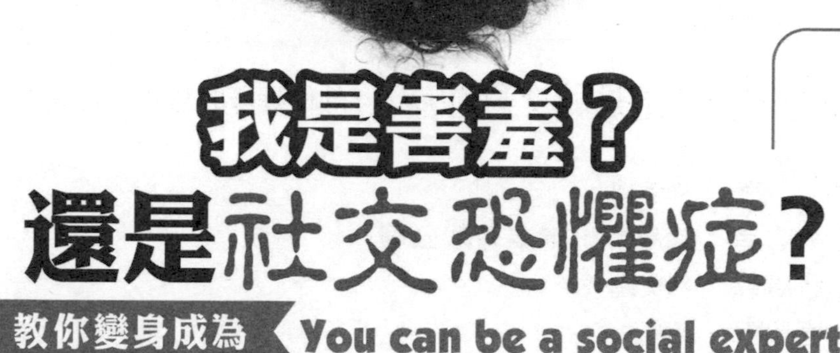

我是害羞？還是社交恐懼症？

教你變身成為 You can be a social expert

社交人氣王

永續圖書線上購物網　讀品文化事業有限公司

www.foreverbooks.com.tw　yungjiuh@ms45.hinet.net

思想系列 65

我是害羞？還是社交恐懼症？：教你變身成為社交人氣王

編　　著　林美娟
出 版 者　讀品文化事業有限公司
執行編輯　林美娟
封面設計　蕭佩玲
內文排版　王國卿

總 經 銷　永續圖書有限公司
TEL／(02)86473663
FAX／(02)86473660
劃撥帳號　18669219
地　　址　22103 新北市汐止區大同路三段 194 號 9 樓之 1
TEL／(02)86473663
FAX／(02)86473660
出 版 日　2016 年 01 月

法律顧問　方圓法律事務所　涂成樞律師
CVS 代理　美璟文化有限公司
TEL／(02)27239968
FAX／(02)27239668

國家圖書館出版品預行編目資料

我是害羞？還是社交恐懼症？
：教你變身成為社交人氣王／林美娟編著
.--初版. --新北市 ： 讀品文化, 民 105.01
面； 公分. --（思想系列：65）
ISBN 978-986-453-022-9 (平裝)
1. 社交　2.社交技巧　3.人際關係
192.3　104024374

前言

你，瞭解自己嗎？瞭解自己，好像是很簡單的一件事情，可是真的如此嗎？

社交恐懼症是一種對任何社交或公開場合感到強烈恐懼或憂慮的疾病。患者對於在陌生人面前或可能被別人仔細觀察的社交或場合，有一種明顯且瞬間的恐懼感，害怕自己的行為或表現會引起羞辱或難堪。

我到底是個性害羞來是有社交恐懼症，很多人一定偷偷問過自己。為什麼別人隨隨便便就口若懸河、滔滔不絕的侃侃而談，為什麼我總是說話會打結，甚至連一句話都說不出口，只要是在公開場合腦袋總是一片空白。

社交關係對於成功的人生而言其意義是極其深遠的：它會使人擁有健

康、開朗、豁達、自信的心理，營造和諧而豐富的人際關係；使人的才能被他人、被社會承認，更容易得到發揮，從而使人擁有更多成功的機會。然而如何才能取得成功的社交效果呢？這就需要掌握和遵守一定的社交藝術和準則，有一個比較文明的社交習氣。

而良好的社交關係，一方面，要樹立自己的良好形象，這是給人留下良好印象、讓人喜歡的首要因素。

另一方面，要講究禮儀。以禮相待、平等交往作為社交活動遵循的準則，是營造良好的社交氛圍的重要條件。透過和氣的交談達到一種交往雙方的平等互惠關係，達到雙方皆贏的效果。

不可否認，好的人際關係，是所有人都在追求的目標，但是要有好人緣就必須學會一些技巧。本書中的「小方法」就是一一解開這些問題的「鑰匙」，它能夠幫助你找到一些答案，讓你發現一個全新的自我，找到問題的出口，而擁有一片更加廣闊的天空。你，準備好了嗎？

CONTENTS

目
錄

CONTENTS

我是害羞?還是社交恐懼症?
教你變身成為
社交人氣王
You can be a social expert

目錄

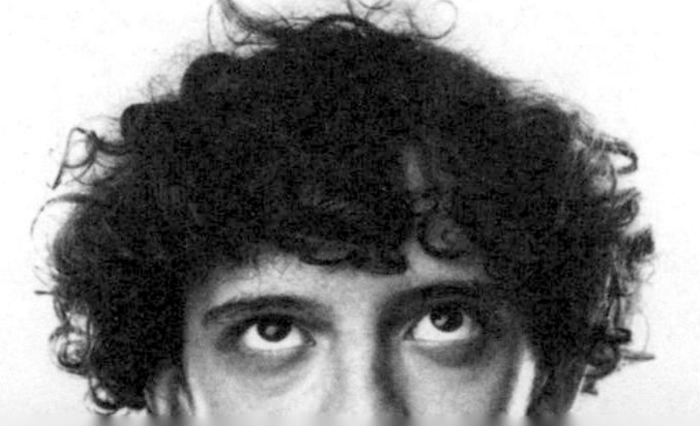

Chapter 1 你很會自我表現嗎？

設想你正在海洋中乘船巡遊，四面八方儘是一望無際的藍色海洋，從水平面上，突然有東西映入眼簾。你想，那該會是什麼呢？

A、陸地

B、另一艘船

C、朝陽

D、魚

選擇A：墨守成規，不善於標新立異，更不敢自我主張，因為你無法打破傳統的思想觀念，所以限制了你展示自己的個性。

選擇B：對展示自我有心勞日拙之歎。水平面上的船，該是你的嚮導，如果沒有旁人的協助，你的才能很可能會被忽視。

選擇C：你是個善於將自己的個性調動得淋漓盡致的人，你的這種個性也為你開闢出一條成功的大道，雖然你在剛開始時不太得人緣，但你的個性注定會讓你出人頭地。

選擇D：你生性好妄想，常好高騖遠、不切實際，常因不自量力而陷入困境。

建立良好的人際關係

社會是人與人交流促進的場所，人際交往對於一個人的生活和工作都會發揮到非常重要的作用。社會在變革，觀念在變化，以舊有的交際觀念和感覺進行交際，就難以應付。那麼，如何在轉型時期調整自己的交際觀念？哪些方面的人際關係需要調整呢？

一、個人必須認同社會的需要

當今社會對個人的束縛日趨減弱，但是，這種自由使個人在可選擇的前提下失去了保障，要在社會上取得一席之地，就必須按自己的具體情況來不斷適應社會的需求，使自己認同社會的需要。尤其在企業中工作的人員，由原來的上下級變成僱傭與被僱傭的關係。這要求為自己定好位，如果你是上司，你的意圖只需交代給下屬；如果你是下屬，對上司不光要尊重，更要服從。這樣，你才能在交際活動中取得主動權。

二、鄰里關係要在互助中得以發展

隨著城市居住環境的變化，愈來愈多的公寓及大樓，使得各家的獨立性增強，鄰里間聯繫必然會趨於淡薄，但人們需要交流，需要相互幫助，這就要求大家增強主動性，加強溝通聯繫，建立良好的鄰里關係。夫妻關係要不斷平衡。隨著婦女經濟地位的提高，轉型時期夫妻關係要和諧，必須不斷在調整中平衡。若妻子工作忙，丈夫便要多承擔家務，接送孩子、做飯，而不能死守舊有的夫妻觀念。

三、同僚關係要在意會中和諧相處

隨著社會類型的轉化，人們工作變換的頻率加大，人們的關係越來越複雜，人的很多個人情況不願他人知悉，對此就只能意會而不能追問。

上下級相處的藝術

上下級的交往和相處是日常工作中很重要的一個環節。作為下級，不僅要服從正職上司的管理和調遣，還要注意學會與副職上司融洽相處。為此，必須注意以下幾點。

一、要尊重別人

人與人之間的尊重是對等的，你敬人一尺，人敬你一丈。尊重上司，是下級必備的素質。因為副職位不如正職位高，權不如正職大，因此，上司可能更在意你對他的態度。你的尊重更容易贏得他的關心和支持。

二、下級要服從上級

服從管理是制度的需要。對副職分派的工作不能馬馬虎虎，對副職交辦的工作要努力去完成，要多與副職上司打交道，溝通思想，因為他對下屬更熟悉，更瞭解情況，他在正職面前或會上說話更有份量。事物是發展變化的，只看到正職的權大，而不考慮今朝的正職明日可能升遷調動或解職下台，今日的副職明天可能變成正職。只有真誠待人，才能有立足之地，謀求長遠發展。

三、要互相理解支持

作為下級，要理解副職主管的處境和難處。對自己諸如在遇到職務提升、工作調動、生病請假等實際問題時，向副職主管提出要求，一不要條件苛刻，二不要急於求成，三不能怨天尤人。副職與正職因職務上的差異，容易產生攀比心理，對下屬產生誤會，因此，更要竭力支持副職的工作，切忌看人做事。副職交代的事要愉快接受，按照要求及時完成。如果在這之前正職主管安排了任務，也要分清輕重緩急，說明原因，才不致讓人產生輕視慢待的想法。

與同事交往的藝術

同事是自己在事業上的親密夥伴，與自己在工作上有很多共通性，因此與同事相處和諧，互相支持，是非常重要的。

一、要互相尊重

無論對待平級還是下級，都要保持尊重別人的心態，特別是女同事。男女分工原因可能造成工作業績的輕重懸殊，但這決不可以成為男性輕視女性的理由。平等，更多地是指人格上的平等，哪怕她們從事的是最簡單的工作。辦公室女性希望她的男上司、男同事能平等對待她們，尊重她們的性別。這是互相信任的基礎。

二、要主動改善關係

工作過程中可能會遇到各式各樣的意想不到的問題，靈活的解決處理是十分重要的。在和同事產生一些利益上的糾葛，使雙方關係變得緊張和冷淡的時候，要學會主動與對方改善關係。創造一個良好的工作氛圍，既有利於提高工作效率，也有益於人的身心健康。

三、保持適當距離

宜保持適當距離，不要過於隨便，以致於影響工作的進行。同事間既要真誠又要保持嚴肅性。特別是男女同事，距離太遠，好像有什麼隔閡，讓人覺得冷漠；但是距離太近了，不僅失去交往的美感，而且令人生疑。辦公室中，男性一方面對女性同事在工作上給予適當關心，但不要涉入私事，以免惹一身是非；另一方面，千萬不要陷入辦公室的灰色戀情之中，這是危險的遊戲。把握距離，她可以成為你不錯的助手，多相知、長相處。

如何贏得一致好評

作為社會生活中的一份子，個人為人處世的結果最能從周圍人對他的評價中得出較為公正的評判。人都是生活在社會中，生活在工作圈和朋友圈中，你的所作所為達到什麼樣的效果，自然可以從工作夥伴和親朋好友對你的態度中自然流露出來。一個人的成功自然是要建立在一個相對穩定和諧的人際關係網的基礎上的，那麼如何才能使自己成為如此優秀、如此令人信服的對象呢？

首先，在工作中需要穩重、幹練，以高效的工作來贏得主管的器重。通常而言，一個高效多才的部下最能獲得主管的信任和青睞。你的才智必須透過平時的工作表現出來，而要藉此表現出你的工作能力和成績，需要在以下方面特別注意：第一，對主管交代的任務，儘量以高品質、高速度的完美方式完成；第二，抓住適當時機向主管提合理化建議；第三，要多向主管彙報工作、報告現況；第四，對主管們要一視同仁。

其次，在朋友圈和工作夥伴中要以德服人。要想獲得同事、朋友、熟人等的讚賞、尊重，最重要的是要靠自己高尚的品德去贏得人的信任和好感。講求「言必信，信必行，行必果」的信條。做人要講究誠信，尤其是在周圍的交際範圍中，你的一舉一動都可能形成別人對你的評價。因此保持你一貫的誠信作風必將使你受益匪淺。

然後，對親友要一致對待，不可厚此薄彼。我們要注意的是日常生活中主動承擔一定的家務勞動，遇事多與家人商量，關鍵時刻要支持家人的事業。

最後，要以氣質和特長給第一次接觸你的人留下深刻印象。第一印象在人們形成對你的看法時發揮著舉足輕重的作用。因此要特別注意以下兩點：一是要有一個高雅的氣質，做到謙虛謹慎，不亢不卑，禮貌周全；二是要顯示出自己的特長，別人做不出的難題，你輕鬆解決，別人不明白的問題，你能一語道破。

升職後的人際關係處理

任何人都希望自己能夠在事業上取得一定的成績。這是一種受到重視和提拔的表現，但同時有人會真誠祝福，也有人會不服氣，不配合你的工作，甚至對你進行有意刁難。如何解決這一問題就成了一個人能力的切實表現和反映。

首先，應該寬容大度，一笑了之；坦誠相待，交換思想。開誠佈公地與之交換想法，消除誤會與隔閡，主動協調關係爭取工作主動。

其次，不斷地完善自身，不斷提高。別人不服氣，一方面說明你有一定本事，但也說明你的本事還不足以令人信服。讓不服氣者服氣的根本對策在於不斷地完善自己，提高自己。

許多事實表明，境況相同、旗鼓相當的人之間最容易產生不服情緒；差距拉大了，不服氣的情緒反倒沒有了。這就要求升職者對照別人，找出自己的不足與缺陷，加以重點彌補，一旦提高了自身條件，對手不攻自破，自然心服口服了。

一般情況下，日常生活中，必要時還應選擇時機，重力反擊。有的人對你不服氣，經過思想交流後，仍然一而再、再而三地奚落你，刁難你。你表現高姿態，他認為你軟弱可欺；你坦誠相待，他認為他的奚落力度還不夠。對這種人，要抓住機會，重力反擊。

晉升路上的絆腳石

日常生活中，我們常常會遇到這樣的情況，有較深的資歷和不錯的業績，反而不如比自己遜色的同事晉升快，原因何在？

一、看到別人比自己出色或是晉升得快，甚至得到的小利多些，便在心裡嘀咕，滋生不滿的情緒，進而形成一股怨氣，在職場上宣洩出來，對別人冷嘲熱諷，極盡挖苦之能事，或是到處遊說對方的種種不是，甚至在日常工作上處處設置障礙，進行刁難，以看到對方的難堪、羞辱為樂。患此病症久治不癒則在工作上無法與他人良好合作，影響其所處職場的人際氛圍，難以得到上司賞識。根治此病之法須讓自己胸懷變得開闊，多些寬容心態，不要太計較個人得失，要增加人緣。

二、經常發表不合時宜的議論，或擴散工作上應保守的祕密或他人的隱私。

患此病症久了會形成惡習，宣洩固然可享一時之快，卻造成了「聲源污染」，處處擴散，即使不因此禍從口出，個人形象也大打折扣。治療良方是加強自我情緒的控制能力，三思而後行，重塑真誠待人、言行負責的形象。

三、對自己現有的工作環境與位置總是懷有強烈不滿，這山望著那山高，像是患了「過動症」的孩子。這類人在每個職位上都不能積累較多資本，難以打下堅實根基，在上司眼中不安分，是很難委以重任的。避免此症關鍵要去除浮躁心理，切勿盲動，內心多反思，有清晰的奮鬥目標。

與不同性情人相處的技巧

大千世界，形形色色的人存在於日常生活和社會交往中，很可能碰到不合群的人。變不合適為合適才能順利進行交際，藉此形成自己的為人處世之道，以此來改變人生。在生活中學會和不同性情的人打交道是非常現實和必須的，因此，我們必須掌握一點與不同性情的人打交道的技巧。

技巧一，學會對別人關心和關注。不論什麼性情的人，都需要別人的關心和幫助，也都願意關心和幫助友好待己的人。人與人的頻頻接觸中，就會增進瞭解，增強相容性，感覺你是真心實意地待他，自然相互之間相安無事，而且會心存感激之情。關注他人的工作和生活，取得成績時予以肯定和稱讚；遇到麻煩時，表示一下關心，即使幫不上忙，也令人感到溫暖。

技巧二，善於理解和尊重他人。尊重他人，首先，要尊重別人的意見，要善於聽取別人的意見，有則改之，無則加勉；其次，要尊重別人的生活習慣，不能因為與自己不一致而看不慣，甚至橫加指責。理解和尊重是相互的，你理解別人、尊重他人，他也才會尊重你，瞭解你，理解你。

技巧三，設法強化共同的「興奮點」。人們存在性情上的差異，並不意味著沒有一點相同之處，可以在興趣愛好、目標志向、生活習慣等某些方面試著去尋求共同點。透過交談、活動等方式強化相同的意識，從而產生心理上的「共鳴」，增進瞭解，增強認同感。在其他活動中，避免排斥心理，取得觀點認識的一致。

學會感謝他人

每個人不是單獨一個人生活在孤島上或是在荒漠中。我們在日常生活或工作中都有可能遇到各式各樣的困難、麻煩，這時就需要他人的幫助。在得到幫助之後，需要表示感謝。這種場合就需要合適得體的感謝方式。一種與現代社會交往方式相適應的感謝方式能夠提高你在朋友中的信譽和在同事中的威信。因此，需要考慮各方面的因素以提高感謝的效用。

首先，表示感謝要及時而主動，以顯示真誠。及時主動說明你非常重視他人的幫助，也說明你是一個性格直爽、懂得人情的人，有利於加深彼此的感情。及時，就是在對方做出某種行為或事情有了結果以後，馬上表示感謝，而不能一拖再拖。主動，是指要找上門去，不要在對方上你家或在路上偶然遇見時，才忽然想起要感謝一下。

其次，表示感謝要區分對象，選擇途徑和方法。例如，有的人，你送些禮物表示感謝，對方很高興，然而有的人認為這是對他的侮辱。是用物質的、精神的，還是具體事情的幫助，最好區別對待，投其所需。最好要根據幫助者的身份、職業、性格、經濟狀況和文化程度等具體情況來選擇最恰當的形式。

最後，要誠實守信，許下的諾言不打半點折扣。不管對方付出的勞力如何，不管對方出於何種動機，對方是否謙讓，都應不折不扣地兌現。只有這樣，才能取信於人。求助於他人時許下的諾言，事成後一定要兌現。

另外，要認識到表示感謝是一種感情行為，不能一次性處理。幫助與感謝是一種感情的交流行為，它不同於一般的貿易活動。對方幫助你的行為本身就是一種情的表現，對情的回報，除了物質上的，還應有感情上的。這對建立密切的人際關係有莫大的好處。

如何贏得尊重

要想得到別人的尊重，首先也要尊重別人，這是不言而喻的真理。現代的生活方式不但要求你的內心有尊重的意願，更注重的是你表現在外的行動是如何的，即應該採取得當的尊重別人的行為方式。這樣不僅能夠達到預期的效果，而且有利於你樹立成熟穩重的形象。

首先，要堅持自己的主張，不要在話語上減弱你的要求。比如，「本來我明天需要這個報告，但是拖個三、五天也是可以的，如果方便的話，甚至到……」你可以試著將話語中的「但是」和「如果」全都刪除。這樣免去了不少麻煩，同時也能很明確地告訴對方你的要求，這樣更能夠讓對方信服。

其次，不要在話語上為對方提供任何可能的藉口。這樣你說話顯得沒有立場，容易讓別人誤會你性格軟弱，缺乏自己的主張和判斷力。例如，「雖然你今天遲到了，但我能夠理解，現在天氣這麼冷，誰都不想早起床。」這樣他就會認為，他遲到不但是合理的，而且理由相當充分，其後果只能使你的話無足輕重。例如，「請原諒我用這種口氣和你說話，但是請你知道，我實在是受不了你的行為方式……」類似這種事後的辯解一般意味著有愧疚感或者害怕。這樣做只能讓你陷入被動挨打的境地，不會產生什麼積極的效果，讓你看上去更加軟弱。

然後，說話要簡單明瞭，讓人能夠直接抓住重點。說話前要在腦子裡過一遍，如何說，說什麼才能達到最好的表達目的，尤其要注重論點的選擇，這樣會有更大的影響力，達到積極的結果。之後直接說清楚你的觀點，你要做什麼，不要主觀想像別人會自動瞭解你對他們有什麼要求。

最後，深思熟慮後即刻開始行動，不可拖拖拉拉。事前就準備好你要做什麼、怎麼做是事情成功的必要保證。如果事前考慮周全，能更理智、更迅速地達到目的。即刻行動則有利於解決問題，且從開始就能清楚地表明你的立場，同時要注意的是，為了讓合作更加有成效和取得好的結果不可用威脅的話語來刺激對方。為了讓人對你信賴，你必須提出合理的要求，並且要在不能滿足時指出後果，而且對此一直堅持到最後。當他們知道你恪守諾言時，才會得到尊敬。這可能會破壞與有些熟人的關係，但不能因此放棄自尊，且當你表明你對他的態度時，健康的關係還是可以發展的。

明確自己的交際角色

人的言談舉止表現著人的交往能力和本身素質以及品格。如何才算是得體的言行，如何才能夠透過合適的言行突現自己的優點，從而使自己成為社交場合左右逢源的成功人士呢？下面幾點建議對你一定有所幫助。

首先，要明確所扮演的角色類型。如果不能正確地判定自己所扮演的角色，就會使言行欠妥，給生活、工作帶來不好的影響。社會是一個廣闊的現實舞台，人們必須扮演各種不同的社會角色，上級、下屬、朋友、父母、孩子等等，扮演不同的角色，對其言行有著不同且嚴格的要求。

其次，要進行必要的角色轉化。也就是，要透過角色學習、鍛鍊、教育，使個人的角色行為接近和符合社會的要求和期望，就像是人們認為醫生應是什麼樣子、教師應是什麼樣子、律師應當怎麼做等；然後要能迅速完成角色轉移或角色變化。例如，當一位父親在家訓斥兒子，他的上司推門進來，這位父親就應微笑著招呼上司，這時角色由父親變為下屬。人們應能迅速地實現這種角色轉換。隨著環境位置的變化，個人角色也應不斷發生變化或轉移。

最後，要積極主動地協調解決角色衝突。解決衝突的方法是根據事情的輕重緩急的不同，採取角色單一化的辦法，一個場合只扮演一個社會角色，如上例中父親採取讓兒子迴避，先招呼上司的做法。有的時候在同一場合同時具有多種身份，扮演多種角色，如果不能很好地協調這種角色衝突，會嚴重影響人際關係的協調。

內向人的交際策略

大千世界，芸芸眾生，每個人都有自己的個性，每個人都是唯一的，就像世界上找不到兩片相同的樹葉一般，找到兩個為人處世行為相同的人也是不可能的。不同性格的人有著不同的思想和性格，外在的表現自然是不同的處世態度和交際行為。

性格外向的人善於溝通和交流，交際方式積極多變。那麼，性格內向、靦腆的人如何才能在為人處世的交際活動中占有主動權，成為活動中的亮點呢？這就需要我們指點策略了。

策略一：確立自己的自信，無論是內向還是外向的人，相信成功最終是屬於自己的。現代忙碌的社會中，人們通常把性格內向視為不容易接近和不善交際。其實，內向性格不等於性格有缺陷，更不是你交際活動中的絆腳石。事物都有其兩面性，哪一種性格都是兼具優點和缺點的，關鍵在於你如何把握分寸，如何揚長避短了。外向的性格能使你容易融入群體，善於和周圍的人打成一片；但過分張揚活潑的個性，又容易給人一種性情暴躁、自制力差、不可靠的印象。內向的性格可能讓你在熱鬧的交際場合中有時會顯得很安靜；但凡事都有個思考的過程使你的行為得體，容易令人信服，久而久之，穩重可靠的性情一定會被人們所賞識和看重。

策略二：結合適當的場合發揮自己性格中的優勢因素。不要因為自己性格內向就顯得更加的不合群，這樣只會留下自卑的情緒。性格內向的人喜歡安靜的思考，凡事總會深思熟慮後才有所行動，有時行動的果決和堅定卻非一般人能比的。如果這樣的話，要依然堅持自己的性格特色。日久天長，就會在周圍的朋友圈中建立起屬於你的那份沉著踏實、耐心謹慎、自制力強、平易近人、堅忍文靜誠懇的形象。你的忠實可靠讓人更容易向你敞開心扉，同時你獨到的見解也會給對方留下美好的印象。

策略三：取長補短，積極主動地彌補性格劣勢。在現實中，性格內向的人往往表現得敏感多疑、心緒消沉、膽小軟弱、固執拘謹、因循守舊、行動遲緩等。這樣使人不容易接近，自然減少了與人打交道的機會，而且容易使人和你產生一定的距離。性格是可以改變的，但要掌握方式和分寸，不能簡單地羅列，那樣只會令你失去原來的自我。

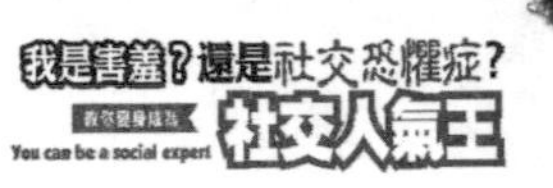

人際交往中的正面效應

人們之間的交往免不了要產生分歧和爭執，如果不能及時解決，就會給今後的工作和生活埋下隱患。因此，快速、恰當地處理這些突發事件正是我們能力的表現。這就需要我們正視問題，用真誠和善意來和對方進行交流，理智冷靜地向對方分析解釋，讓真理越辯越明，讓思想越辯越深刻，小的問題可以適當寬容對方的偏執，但在大的原則問題上一定要立場分明，堅定不移。

一、善於利用新環境

當你剛開始接觸新的同事和朋友時，對方會對你的言行產生關注。由於對方對你不夠瞭解，因而會傾向於透過你有限的表現，推斷你的為人。這是你去舊迎新的大好時機，你可以在新環境下把自己重塑成理想中的自己，

既完善了自我，又會得到一個很好的人際基礎。所以當你決定擺脫昨日失

意的時候，換一個新環境重新開始，也是不錯的選擇。

二、重視感情的交流

人是感情動物，沒有感情的互動，人們之間的關係只能停留在表面層次上。愛人者，人恆愛之，在與他人共事或者交往的過程中，在對方需要的時候給予適當關心與幫助，會讓人感覺到被關懷的溫暖。

長此下去，就會在身邊形成一個溫馨融洽的氣氛。這不僅會使工作進行得流暢順利，而且也會使自己的生活充滿陽光。

三、發揮合作的力量

現代社會中，分工愈來愈細，一個人可能擅長某個方面的工作，但還有很多工作是要靠合作才能完成的。自然界中有一種共生關係，兩個不同種族的生物緊緊靠在一起，各自發揮自己的優勢，彌補對方的缺陷，使得它們生存下去的可能性大大提高。

在人們的生活、工作中也是如此，既要學會應用別人的優勢來克己之短，又要不吝惜用自己的優勢和長處去幫助別人。這是獲得別人幫助和支持，最終

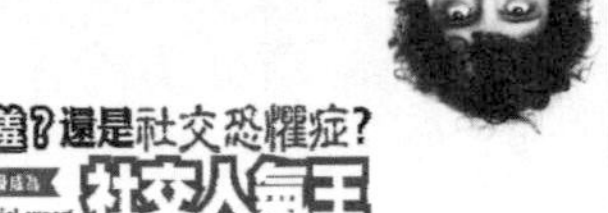

達到雙贏的前提。

四、化嫉妒為激勵

培根說：「人可以允許一個陌生人的發跡，卻絕對不能原諒一個身邊人的上升。」這句話對人性的弱點可謂一針見血。

當成功突然降落到自己身邊那些看上去和自己並無區別的人身上的時候，人們往往在羨慕的同時更多地感到嫉妒。這是人之常情，但我們也不要被這種不理智的念頭控制，做出有損他人利益和自身聲譽的事情。這時我們應當反省一下自己的不足和失誤，利用嫉妒帶來的不肯服輸的激情，發奮努力，幸運會更快地降臨到你的頭上。

五、適當沉默傾聽

在交往中巧於辭令會給人帶來感觀上的愉悅，但雄辯滔滔也不是總能讓他人接受你的觀點。在彼此交流中，做一個優秀的傾聽者往往會取得用強辯達不到的效果。給別人一個表達自己觀點的機會，不僅可以緩解對方的牴觸心理，還能表現出你的從容、冷靜和自信。

尤其當我們遇到言語不一定能完全表達清楚的微妙之處時，我們更應當學會從語言的喧嘩裡淨化出來，進入沉默的智慧之中，傾聽內心所用無聲的語言來告訴我們的真相。

深刻而理智的辯論，並不會損害彼此的感情，反而能撞擊出思想的火花和智慧的靈光，在辯論中雙方都將得到成長。

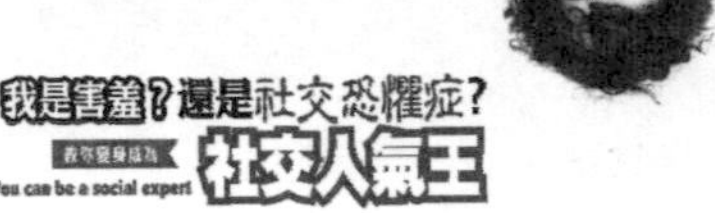

把握人際交往的關鍵點

交際成為現代社會中必不可少的內容和手段，生活、工作、學習中，任何時間、任何地點都脫離不了它的存在。交際就像是黏合劑把個體聯合起來，最終形成了我們生活的圈子。有些人在交際中不得要領，盲目追求成功交際，可謂殫精竭慮，但效果甚微。因而，我們越來越認識到交際的技巧對我們的影響有多大，如果我們能抓住交際的關鍵，就能達到事半功倍的效果。交際無非就是人與人之間的交流、溝通、合作等，串聯它們的無非就是一些交往的事情罷了，因而，要認識到，交際並不可怕，只要掌握了交際的幾個關鍵點，很容易把握它的節奏。

一、把握關鍵場合

每個人都有自己的交際圈，其中必定有一些是你經常出入的場合，而且，對於這類場合而言，你的表現對你的工作和形象有著特殊的意義。因而，這一類的場合就當之無愧地成為你交際的關鍵場合。把握住這種場合中的重中之重就等於你找到了蛇的「七寸」，必定會讓你有不菲的收穫。關鍵的場合帶給你的是重要的朋友和機會，能夠在其中展示你的人格魅力，不僅讓你能夠嶄露頭角，更重要的是留給對方一個良好的印象，得到不錯的評價。現實表明，這類場合的良好表現對你以後的人生道路有著潛在的優勢。

二、把握關鍵人物

在交際圈中有些人是交際的關鍵人物，他們不僅主宰著交際走向，而且對每一個交際者都會施加著他的影響。你的交際成敗，你的交際形象，某個關鍵人物往往發揮著意想不到的作用。這些人物可能是德高望重的權威人士，也可能是那些交際面廣的積極分子。前者一言九鼎，對你往往發揮著一錘定音的作用；後者交多識廣，有助於廣佈良語。當然對待這些人物，我們不是要刻意討好、獻媚，而是要得體、充分地表現自己，以讓他們對你有最確切的認定和把握。

三、把握關鍵事情

在日常的人際交往中，總要經歷一些對你有重大影響的、關係到你未來人生道路的大事。能否在這些事情上處理得當，給人留下一個良好的印象，在能夠決定你的成敗得失。任何人的精力和時間都是有限的，沒有人有能力在每一件事情上都去刻意地追求完美，那樣只能讓自己和對方都備受惺惺作態的苦累。人們更能記得的是在某些關鍵事情上你的表現如何。

總之，當他人處在困難和危急的時候，處在尷尬不堪的場合的時候，以及在一些關係到重要的事情的成敗上時，都需要我們用心對待，顯出自己的交際才華和能力。

切勿進入「看人」心理的錯誤觀念

人際交往的影響因素，除了個人對「人情」的把握以外，看人不準，或過於片面偏激，往往會帶來一些不必要的麻煩，對正常的人際交往造成紛擾。也正是由於他們沒有真正跳出看人的心理的錯誤觀念。

一、重視第一印象的心理錯誤觀念

第一印象，也稱優先效應，是指人們在和交際對象最先接觸中給自己留下的印象或影響。這會直接導致兩種截然不同的後果：第一印象好，產生的即為正向優先效應，以後的一切便自然而然地會被認為朝一個良性的方向發展；反之，優先效應差，即給人一個不好的第一印象，則會產生負向優先效應，從而引向一種厭惡、輕視的情緒，認為以後樣樣都差，對其百般挑剔，樣樣看不順眼。我們要切忌走入這種貌似已經被大多數人所接受的心理錯誤觀念，導致對事物本質的視而不見，只關注表面現象乃至這種主觀上不乏武斷的以偏概全。

二、近因效應的心理錯誤觀念

對於最近接觸的事情，往往會給自己留下較深的印象，從而影響以前對對方的整個看法。這種心理的錯誤觀念也存在正向和負向一說。舉個例子，某一員工，在工作上一向表現積極，工作賣力，而卻因為最近曠職一天，由此在主管心目中的形象就大打折扣。

三、所謂的「暈輪效應」

即由一點而推論出整個人或事情的整體。這是典型的以點概面，以偏概全。由於一個特徵的突顯而掩蓋了他的其他特徵。比方說一個人勤儉，就往往被看做是正直的人，這其實是缺乏科學根據的。

四、定型觀念的心理錯誤觀念

拿學校裡的學生打個比喻，就是一旦哪個學生以前不老實學習心思邪惡，被公認為心術不正前途無望，但又偏偏此生發憤圖強立志改變缺點，而老師卻不以為然，依舊認定此學生無可救藥，便屬於這種情況。

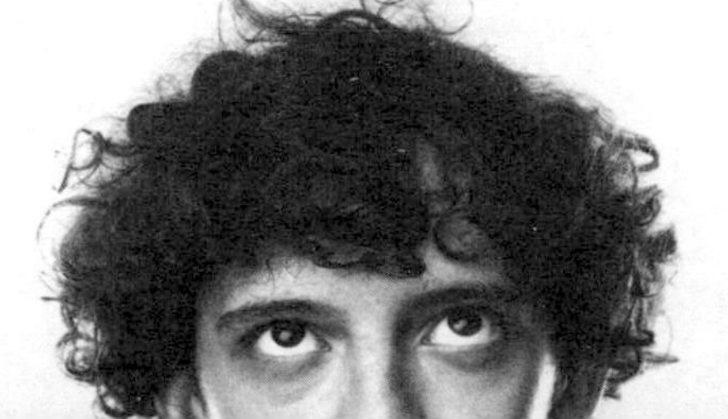

Chapter 2 你平易近人的指數

以下四種熱門影集類型，哪種最能吸引你呢？

A、帶有專業知識(如法律或醫學類)

B、爆笑喜劇類

C、都會言情類

D、懸疑推理類

選擇A：你的好相處指數是 20 分，你對他人和對自己的要求都很高，讓人跟你相處時心理壓力頗大，但其實你是刀子口豆腐心，有理時以理溝通最有效，不然就用軟功坦然認錯，再大的事情也會變成小事。

選擇B：你的好相處指數是 70 分，你容易被仗勢欺人的傢伙壓迫，總是屈居下風。不過，雖然被利用的感受不好，當時氣歸氣，但過一會兒你就能淡忘掉，並不會影響對他人的信任感。

選擇C：你的好相處指數是 30 分，粉紅色有明顯的「性」含義，代表著戀愛與性愛。你所追求的是一場熱戀，即使自己已經上了年紀，也期待能再有一場轟轟烈烈的情。

選擇D：你的好相處指數是 99 分，在衝突發生時，活在自我世界的你，常會令別人為之氣結。「裝死」是你的絕招，因為看淡世事人情，所以閃躲衝突炮火，企圖轉移對方的注意力，就是你面對衝突的態度。

社交禮儀原則

禮儀名目眾多，細則紛繁，講究商務禮儀還應掌握必要的世界各國的禮儀習俗。那麼如何才能有效掌握？我們認為，在從事各種商業活動、具體遵行商務禮儀時，應遵循以下基本原則，其中包括言行文雅，態度恭敬，尊重他人，平等待人，表裡一致。

一、「尊敬」原則

有人曾把商務禮儀的基本原則概括為「充分地考慮別人的興趣和感情」。尊敬是禮儀的情感基礎。在我們的社會中，人與人是平等的，尊重長輩，關心客戶，這不但不是自我卑下的行為，反而是一種至高無上的禮儀，說明一個人具有良好的個人素質。

「禮」的良性循環就是借助這樣的機制而得以生生不息。當然，禮待他人也是一種自重，不應以偽善取悅於人，更不可以富貴驕人。尊敬人還要做到入鄉隨俗，尊重他人的喜好與禁忌。總之，對人尊敬和友善，這是處理人際關係的一項重要原則。

二、「真誠」原則

商務人員的禮儀主要是為了樹立良好的個人和組織形象，因此禮儀對於商務活動的目的來說，不僅僅在於其形式和手段上的意義。同時商務活動並非是短期行為，而是越來越注重其長遠效益，只有恪守真誠原則，著眼於將來，透過長期潛移默化的影響，才能獲得最終的利益。也就是說，商務人員要愛惜其形象與聲譽，應不僅僅追求禮儀外在形式的完美，更應將其視為情感的真誠流露與表現。

三、「謙和」原則

「謙」就是謙虛，「和」就是和善、隨和。謙和既是一種美德，更是社交成功的重要條件。只有舉止、言談、態度都是謙恭有禮時，才能從別人那裡得到教誨。

謙和，在社交場上即表現為平易近人、熱情大方、善於與人相處、樂於聽取他人的意見，顯示出虛懷若谷的胸襟，因而對周圍的人具有很強的吸引力，有著較強的調整人際關係的能力。

四、「寬容」原則

寬即寬待，容即相容。寬容，就是心胸坦蕩、豁達，能設身處地地為他人著想，諒解他人的過失，不計較個人得失，有很強的容納意識和自控能力。中國傳統文化歷來重視並提倡寬容的道德原則，並把寬以待人視為一種為人處世的基本美德。

從事商務活動，也要求寬以待人，在人際紛爭問題上保持豁達的品格或態度。在商務活動中，出於各自的立場和利益，難免出現衝突和誤解。遵循寬容原則，凡事想開一點，眼光看遠一點，善解人意、體諒別人，才能正確對待和處理好各種關係與紛爭，爭取到更長遠的利益。

五、「適度」原則

人際交往中要注意各種不同情況下的社交距離，也就是要善於把握住溝通時的感情尺度。在人際交往中，溝通和理解是建立良好人際關係的重要條件，但如果不善於把握溝通時的感情尺度，即人際交往缺乏適度的距離，結果會適得其反。

例如，在一般交往中，既要彬彬有禮，又不能低三下四；既要熱情大方，又不能輕浮諂諛。所謂適度，就是要注意感情適度、談吐適度、舉止適度。只有這樣才能真正贏得對方的尊重，達到溝通的目的。

總之，掌握並遵行禮儀原則，做待人誠懇、彬彬有禮之人，在人際交往和商務活動中，就會受到別人的尊敬。

人際交往四大定律

人與人之間相互影響和相互制約形成我們日常接觸的簡單人際關係。人際交往中我們總是面對著別人，同時也在被別人面對著，彼此就如同是對方的鏡子一般，因此，這是雙向的活動。從這雙向性中，我們歸納出四條人際交往的心理定律，瞭解它對於你理解他人的行為會有所幫助。

一、定律一——交換律

交換律就是在人際交往中透過付出忠誠、純真的友情就會贏得相應的友情。在別人需要幫助時，能毫不吝惜給予幫助的人，在關鍵時刻，他也能得到友人的幫助。眾所周知，心理健康的人，都渴望溝通理解，渴望結交值得信賴的朋友。

二、定律二——競爭律

在人際交往中，尤其是在才能相當或境況相似的友人之間，人往往會產生一種超越別人的慾望，這是一種潛在的競爭意識。競爭似一把雙刃劍，或是彼此促進，或是彼此記恨。我們應該把握這個交往的尺度，使自己的交往行為能夠產生促進和激勵的積極效果。

三、定律三——對等律

人與人之間是平等的，人際間的關係是平衡的，感情上的交換也是大體相等的，例如，內心相互暴露的程度、相互交心的深度與廣度等基本上是對等的，這樣心理才平衡；反之，就往往會出現猜疑、不信任、不忠誠，影響正常關係。

四、定律四——相倚律

人們往往是根據對方的特點而採取相應的對策，所以，當我們希望與別人友好交往、保持親密關係時，就應先用友善的態度和行為作為喚起他人相應行為的刺激源，並對他人行為做出積極反應。

人際交往要求首先，要信守諾言，要保持熱情。這是做人應有的基本教養。其次，要尊重他人的隱私。要尊重交往對象的個性獨立，維護其個人尊嚴就要尊重其個人隱私，即使是家人、親戚、朋友之間，也不例外。應注意不要主動打聽外國朋友的年齡、收入、戀情、健康、經歷等。

再次，要注意女士優先。在國外，要求成年的男子，在社交場合，要積極主動地以個人的舉止言行，去尊重女士、關心女士、照顧女士、保護女士，並時時處處努力為女士排憂解難。

最後，要注意不要過於謙虛。做人首先要自信，不敢承認個人能力的人，隨意貶低自己的人，要麼是真這麼想，要麼是虛情假意，別有用心。

另外，要注意儘量避免在人前交頭接耳，否則會被認為是疑心病；女子捂嘴而笑，會被認為是譏諷，或輕浮的行為；在大庭廣眾之下化妝、梳理，也是一種醜態。

培養良好的社交性格

要想在和別人相處的過程中獲得成功，得到更多的朋友，首先需要具備的就是良好的性格。但是相當多的人發現自己的性格很暴戾，脾氣很暴躁，極易和別人產生摩擦，這種不良的性格會對以後的學習、交往、工作等造成很大的影響，要想矯正這種不良性格表現，改變暴躁的脾氣，就需要注意以下幾點。

一、充分認識暴躁易怒的危害性

在生活中我們常常看到，因為一些不足掛齒的小事而發怒，最終導致後悔莫及。因此，發脾氣並不能使問題得到解決，反而會增加新的衝突。

二、學習一些克制暴躁脾氣的好方法

比如在家或是課桌上貼上制怒的標籤，隨時提醒自己要冷靜。

三、適當的發洩負面情緒

如果有的事情或人有充足的理由使我們發怒，這種情況下不妨坦率地把心中的不滿情緒釋放出來，你就會發現心裡會愉悅一些；也可轉移目標發洩出來，比如去做別的事情，找人談談心、散散步，或者乾脆到操場上狂跑幾圈，這樣可將因盛怒激發出來的能量釋放出來，心情就會平靜下來。也可以用一個小本子專門記載每一次發脾氣的原因和經過，透過記錄和回憶，在思想上進行分析梳理，定會發現有很多脾氣發得毫無價值，以後怒氣發作的次數就會減少很多。

四、換位思考

換個角度考慮問題，體諒他人感受。做人應當有必要的涵養，即容人之量，不要總是指責、怪罪別人。為區區小事而對人發脾氣，是極不理智的行為。

準確把握自我交際角色

在交際中，如能根據交際的情境、氛圍、場合、對象，對自己應扮演的角色迅速、準確定位，那麼，無疑會在紛繁多變、千差萬別的交際活動中如魚得水，游刃有餘。如何才能扮演好自己的交際角色呢？

一、要有尊嚴

尊嚴不能簡單理解為面子。尊嚴更多地表現為一種自尊心，一種價值觀，一種責任感，是一種不依附他人自立於世的不屈不撓的奮鬥精神。人們把尊嚴視為至高無上的精神瑰寶。

一個人有了尊嚴，才能挺起脊樑做人、堂堂正正做人。沒有財富可以用雙手和智慧創造財富；沒有權利可以用法律手段爭得權利。但是，一個人如果沒有了尊嚴，那就將失去一切。

二、扮演主角不質疑

一些交際場合，主角非你莫屬。既然天降大任，便毋庸遲疑，更不必畏縮，應當仁不讓，有捨我其誰的氣勢。

如果在該表現自己的時候畏畏縮縮、卑微恐懼，會讓人瞧不起，自己也覺得彆扭。如果生活把自己推到主角的位置，就不必顧忌，盡其所能，施展才華，方能讓人佩服。

三、甘做配角不僭越

無論你地位多高，總會有是配角的時候。既為配角，只是陪襯紅花的綠葉，此時，便要甘為人梯，為主角修橋鋪路，切忌喧賓奪主。不難發現，該做配角而喧賓奪主，是一種交際中不識大體的表現，也是一種自我貶損的行為。

一旦在生活中做配角，就應時時堅守自己的配角地位，發揮到綠葉襯紅花的作用。

四、若處中介不決斷

交際活動中，諸如經紀人、傳遞訊息的人、穿針引線的人，其地位比較特殊。天下婚姻許多靠媒人成就，交易市場由經紀人中間說項以促成交易。

這些中介身份的人要明白自己非當事人，因而，對事情本身的進展，可以發揮催化作用，但卻忌諱忘記了自己的角色，貿然對事情做出決斷。中介人對自己角色有了明確認識、準確定位，才會成就好事，令人讚歎。

克服社交中的不良習慣

社會生活是每個人賴以生存不可缺少的環境，然而想要在社交過程中獲得成功，必須注意以下幾個方面。

首先，應該保持平和的心態，不要妄自菲薄，不可一世。即使個人才學、相貌、前途、家庭等令人羨慕，不可過分炫耀抬高自己，那樣將令人敬而遠之。抱怨是一種不滿情緒的發洩，偶爾為之是人之常情。若經常怨氣沖天，甚至成為談話主題，勢必影響正常交往。生活中常會碰到吹牛吹得使人只能對他目瞪口呆的人。這種毛病，人人都會犯，很多時候只是為了保持心態平衡。

其次，應該為人真誠。恭維本身無所謂高尚卑鄙，但切不可恭維失真，成為媚氣，讓人厭惡。恭維得體，則可以和陌生人一下子變得親近。人們大都喜歡自我賞識，不願聽別人發號施令。主管慾極強的人，如果以干涉別人的生活為樂事，則很難相處到真正的朋友。

再次，要保持心胸寬廣。心懷妒忌的心理現象幾乎人人都或多或少地存在著。關鍵在於用什麼態度和方法對待它。妒忌而貶低對方是缺乏競爭力、缺乏自信心的表現，唯有超越別人才是積極的。市場經濟社會，人與人交往，慎重對待經濟關係是衡量一個人品質的關鍵，不要假充大方，切忌白吃白喝，應把帳算清楚，不必自視清高，免談金錢。社交場合，談吐理應直率、大方、親近、自然。

學會控制情緒

人的情感似遙控器一般控制著人的言談舉止，外在的表現自然就是表現出或喜或悲或樂或哀的情緒，它就像是人的另外一張面孔。良好的情緒狀態讓你顯得自信和陽光，是保證社會交往活動正常進行的必備要件。得體的舉止、穩定的情緒，似迎面春風讓人感到易於接近、容易溝通；反之，完全不能自制的情緒必然成為社交的絆腳石，沒有人願意靠近一個喜怒無常的人。因而，在社交中應當謹記以下幾點。

一、切勿急躁衝動

一般情況下，你以什麼態度對待別人，別人就會以相同的態度反擊你，這不利於問題的解決。另一方面，急躁衝動容易打亂人的正常思維，不利於正確地解決問題。在日常的社會交往活動中，會遇到千奇百怪的事情，出現各式各樣的矛盾、各式各樣的問題。遇到問題時，要善於控制情緒，如果失去控制，問題會更尖銳。所以不管遇到多惱火的事，都要鎮定，才能處理好衝突。

二、切勿故作深沉

人際交往，是一種思想交流活動，本該真誠相待，暢所欲言。如果深藏不露，叫人覺得有點道貌岸然；如果與人相處，處處不露心機、守口如瓶，那麼會讓人覺得你不可捉摸，不可思議，無形中拉遠了心理距離。

三、切忌喜形於色

表情上眉飛色舞、洋洋自得，還對別人的事評評點點、指手畫腳，只會引起別人的反感，損害自己的形象和威信。與人交往，應保持一種平常的心態，不能面無表情，但也不能取得成績或有高興的事時，沾沾自喜，得意忘形。

總之，遇到任何事都要保持一種平和心態，自己喜怒哀樂要表現得自然，不做作。分寸一定要有所把握，否則只能給人一種喜怒無常的印象，最終，只得自食苦果。

如何推銷自我

一、揚長避短

當你參加面試，向招聘人員介紹自己的時候，除非你的專長非常適合這個工作，否則可以不必過分強調自己的專長。面對招聘人員表達自己的觀點和看法，最好不要過分實在，應適當有所保留，關鍵之處可避實就虛，概括應答，給對方遐想的空間。因為不同的人有不同的喜好，萬一你的觀念不合對方想法，你就有可能徹底失敗。虛實相間的應對，夾伴一點「投其所好」，既能游刃有餘，又可展現你的魅力。

二、展示個性——珍重你的人格

沒有一位在事業上有所作為的人沒有自己的個性。有個性的人才容易得到別人的尊重。在擇業應聘中，招聘者喜歡有個性的人，在朋友交往中，人們也往往看重有個性的人，有個性才能給人留下深刻的印象。迎合與順從，往往給人聽話而無創見的印象。

三、鍥而不捨——顯示你的韌性

從某種意義上而言，推銷自我是一場心理戰。人們的一面之交、短時間的交談，很難深入地瞭解一個人，難以認清一個人的全貌。這樣，在有些情況下，誰有耐心，誰有韌性，誰不放棄最後的努力，誰就能獲得理想的職位，誰就能取得值得交往的朋友。在沒能一時展現自己真正才能的時候，更需要這種鍥而不捨的精神。有耐心和韌性的人，機會就不容易從他的身邊溜掉。

打造良好印象

給人留下深刻印象，不是一件輕而易舉的事。那些在你頭腦裡印有深刻印象的人，總是有一些特別的過人之處。明白下面幾點相信會有助於你給人留下深刻印象。

一、要有好的亮相

我們往往在幾秒鐘內完成對人的判斷，如果能恰當運用一些素質，如外表、精力、口才、音調、音色、激情和姿態、眼神等吸引他人的注意力，你便會很快給人留下深刻的印象。

二、用眼神交流

要學會看著別人說話，以一種輕鬆可以讓別人接受的方式，可以舒服、隨意地轉移目光，面帶微笑，會給人一種溫暖舒適的感覺，有助於留下良好的印象。

三、要做你自己

不要因為從一個場合到另一個場合而改變自己的性格，要保持一致的聲調、姿態和言辭。

四、先聽後說

表態明朗。無論何時何地，都不要馬上拋出你的觀點，靜觀一下局勢，試著去感覺別人的狀態，以便能更好地與之交流；表明態度要果斷明確，要有把握，但也要做到小心謹慎和深思熟慮。

五、要有舒展的姿態

不要一出場就把自己搞得過於嚴肅、緊張，那樣會給人一種不舒服的感覺。只有你自己舒適了，才會讓別人也感到輕鬆舒適，儘量把自己的最佳狀態展現出來。

合理選擇交際地點

社交地點是組織社交活動的必備要素。任何社交活動都必須有一個社交地點為載體，而社交地點又無時無刻不在影響著社交活動的成敗。根據所安排的社交活動要選擇好社交地點，這一點不容忽視。

首先，社交地點的選擇最好是自己所熟悉的地方。因為人們在自己熟悉的地方與人交往沒有拘束感，在心情上放鬆，容易取得優勢，並可充分展示和推銷自己，在社交活動中占據有利地位。曾有實驗表明，與同樣的對象談話，人們在自己的客廳裡會比在別人的客廳裡表現得更自如流暢，同樣的道理更容易說服對方。反之，改變環境到自己不熟悉的地方，而又恰好是對方所熟悉的，這樣便會引起恐懼難安，從而影響社交的成敗。

其次，要選擇在「我可以往，彼可以來」的地方。這種地方被稱為「通形」，即四通八達的地形。要本著與人方便自己方便的原則，同時又有「我得則利，彼得亦利」的結果。

最後，選擇地點要因人、因事、因時。不同的事，不同的時間，可供選擇的最佳地點也不盡相同。它的選擇是有條件的、辯證的、可以變化的。一般而言，要選擇自己熟悉的地方進行交往。因為這樣對自己是有利的，但前提是二者身份的對等，選擇這樣的地點不至於讓對方造成屈就感和壓抑感。例如，對方是老人、長者、女士，從情理上而言，也不好讓他們屈就自己，倒是自己應靈活變通，肯於前往，更能表現誠意和尊重，這是良好社交的開端。

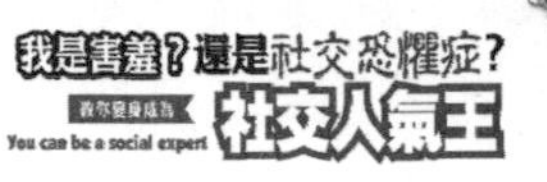

善於把握交際的時間

交際與時間有密不可分的聯繫。在現代社會，人們的交往量日趨增加，對交際時間的需求也相應地增多，而每天的時間是有限的，既不能租借預支，又不能購買貯存。這不僅是因為任何交往都必須在一定時間內進行，而且因為能否恰當掌握交際時間對交往效果有著重要的影響。

交際時間對交往的影響表現在是否守時。因為這不僅是個人是否講信用的品格問題，而且表現在是否尊重對方，並直接影響到交往的情緒、氣氛。時間對交往的重要性還表現在二者的矛盾上。現實社會加強了對交際效率的要求，以下就來探討一下如何能在日常交際中合理運用和把握這一點。

一、周密安排，提高交往品質

做好交往前的準備，按時參加交往活動，交往時，問候寒暄是必要的，但不要過多，應及時轉入正題。另外，還要掌握交際時間的最佳效度，一定時間範圍內，人們的頭腦清晰，注意力集中，反應靈活，效率高。最後，還要及時結束交際活動，不必為了顯示熱情而拚命挽留對方。

二、運用同時與多人交際的技巧，濃縮交往活動

把交往目的、內容相同的交往對象聚在一起，容易使氣氛活躍，話題廣泛，有利於節省時間，提高效率。

三、充分利用現代交往工具

在現有的條件下，打電話就能完成交際目的，能達到理想效果的，就不必親臨現場，這樣就節省了往返時間，此外還可以利用傳真、電子郵件等。即使必須出行，利用不同的交通工具也可達到節約時間的目的。

態勢語言的作用

人們的感情流露和交流經常會借助於人體的各種器官和姿態，即所謂態勢語言。它作為一種無聲的「語言」，在生活中被廣泛運用，在社交活動中有著特殊的意義和重要的作用。

若能正確理解和運用態勢語言無疑會給我們帶來很多益處。

眉毛能表達人們豐富的情感。例如，舒展眉毛，表示愉快；緊鎖眉頭，表示遇到麻煩或表示反對；眉梢上揚，表示疑惑、詢問；眉尖上聳，表示驚訝；豎起眉毛，表示生氣。

眼睛是人體傳遞訊息最有效的器官。在社交場合交談時，目光正視對方的兩眼與嘴部的三角區，表示對對方的尊重；但凝視的時間不能超過五秒，因為長時間凝視對方，會讓對方感到緊張、難堪。如果面對熟人、朋友、同事，可以用從容的眼光來表達問候、徵求意見，這時目光可以多停留一些時間，切忌迅速移開，不要給人留下冷漠、傲慢的印象。

嘴巴可以表達生動多變的感情。例如，緊閉雙唇，嘴角微微後縮，表示嚴肅或專心致志；嘴巴張呈O形，表示驚訝；噘起雙唇，表示不高興；撇撇嘴，表示輕蔑或討厭；咂咂嘴，表示讚歎或惋惜。

良好的態勢語能幫你取得一項事業的成功，獲得真摯、幸福的愛情，樹立良好形象。人們在生活中所從事的活動是多種多樣的，態勢語也是豐富多樣的，適當熟悉並掌握這些態勢語，並在社交實踐中正確運用，將會為個人形象的塑造發揮到一定作用，有助於社交成功。

人情在人際交往中的份量

在如今的社會，人際交往之中的人情味，已隨著時代的浪潮和激烈的競爭變得日益淡漠，取而代之的是相互利用，用過即扔式的世態炎涼的荒漠。這也不免偏離了人際交往的實質意義。因此，加強人際交往中的人情味，就顯得尤為重要。

首先，感情的先期投入不可或缺，即所謂的朋友來了有好酒。彼此情感的交流與互動是人際交往的靈魂與核心，它發揮著調節人際交往的穩定性和親密程度的作用，是人際交往行為最重要的動力和基礎。人與人之間的交往應當本著感情至上的原則，奉行真誠相待、互助為本的真諦，在互動之中加深交往雙方對彼此的吸引和喜愛，使心與心的距離縮小，心靈得到溝通，靈魂得以淨化，可謂人際交往的至高境界。

其次，自主在手，成竹在胸。面對朋友的求助，分寸要把握好。人際交往本身是一種雙方相互作用、相互影響，甚至互惠互利的過程。作為交往的主體，雙方具有平等的地位和尊嚴，可提出具體的合理的要求，但也不能無視另一方的意願和目標，忽略對方的人格和信仰，藉著自認為良好的感情基礎而一味向他人索取。這樣勢必會引起交往的裂痕，違背人際交往的情感交流原則，則可謂得不償失。

最後，嚴厲杜絕流行於當前的一次性人情，引領真正的「人情」向可持續的方向發展。那種你送我一盒水果，我替你做一件事的人情也許在一些「實用派」眼中或許有一席之地。但是從長遠看來，最深厚、最真摯的感情，往往不是建立在這種眼前利益的動因之上，而是要經歷一個長期發展的歷程，漸入佳境。這樣建立起來的友情才最關鍵，最可靠。

尊重交際對象

眾所周知，力是相互的，同時尊重也是相互的。從小無論是父母還是老師都叮囑我們，要想獲得別人的尊重，首先就要尊重別人。現代社會處在一個生活節奏空前快捷的時代，人們的生活、工作、學習在講究品質的同時，更追求效率。因而，人們的言行更直接、更簡潔了。與此同時，人們在交往中希望得到尊重，得到重視的渴望更加強烈了。如何在現實交往中用得體的言行讓周圍的人感受到你的禮貌和尊重，這已經成為很多人迷惘和困惑的問題。以下我們就從幾個具體情節入手展開分析。

一、從內心要有尊重他人的基本認識

現實中人確有職業、身份高低之分，但不存在人格貴賤之別。要善於根據時間、地點的變化及角色轉變，做好每個角色應該做的。還要根據對方的年齡、

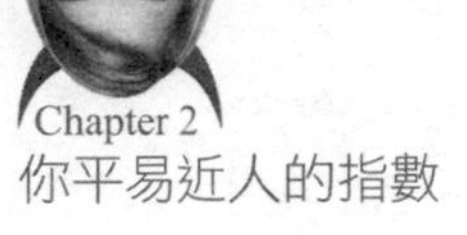

身份因素轉化語氣、語速、話題等，表現出對人的尊重。交往中講究平等對待，切忌以位高壓人，同時用清高的姿態自居、自傲。只有內心有這樣的認識，才能有意識、無意識地將尊重他人融入你的言談舉止中。

二、從外在言行禮儀中表現對他人的尊重。

在與人交往的態度上，要特別注意你的舉手投足，要從細節上讓對方敏感的神經因你的善意而放鬆。例如，注意傾聽、謙虛禮貌、實事求是，都屬於尊重別人的表現。在交往中採取什麼樣的態度，完全能夠表現你對別人的尊重程度。在外表上，當然要注意和場合搭配，特別是要穿著得體、整潔、幹練。這不僅能夠表現你良好的個人修養，同時也是向對方傳遞一種友好、善意、尊重的信號。穿著一身得體的禮服，再加上適宜的微笑，可以想像得到，在任何場合對方都會感覺到你帶來的「撲面春風」般的友好；反之，蓬頭垢面、不修邊幅、輕佻之舉都是不尊重人的表現。

三、在小細節方面展示你的尊重

守時向來是有修養、有素質的人的必備的良好品質。因為如果別人準時赴約，而你卻姍姍來遲，這不僅是你對他人的不禮貌和不重視，更嚴重的是在浪費他人的時間，耽擱他人的事情，實在是一種不尊重他人的表現。

四、言語要得體

一個人的外在固然重要，但是更重要的是你的言談所表達出的你的素養，這是你的特別之處。並且，在與人交往時也要特別注意言辭的把握和運用，如別人正談得投機，你卻頻繁插話；對別人忌諱的問題，你卻打破砂鍋問到底等，這些都是不尊重他人的表現，同時還應注意什麼樣的場合配合什麼樣的言語，如在朋友的結婚喜宴上應談些喜慶的話題、吉利的話題。如果你盡談些令人掃興的話，就是不尊重對方的表現。

社交中的「小」與「大」

人際交往的過程中，一些較大的交際原則和方法往往被人們採納和重視。如果你留心去觀察，生活中還有一些不經意的小事情也蘊含著豐富的魅力，給人以震顫、以啟迪，從而令你獲得一生難忘的交情。

一、讓我們回想一下日常生活中的小讚美

當你讚美對方聰明、漂亮、有才華、穿著得體、能力過人時，得到的不僅是對方的欣喜，更是他（或她）對自己的親近和好感，自然而然地拉近了人際關係。

二、小幽默同樣也具有使人際關係融洽和諧的效果

幽默是具有智慧、教養和道德的表現，是為人們所公認的。尤其在社交場合，不時來點小幽默，是人際關係的有效潤滑劑。

三、小特長

這也是人與人之間相互吸引的一個重要因素。多才多藝的人往往更容易博得大家的好感，同樣情況下更受歡迎。試想如果你能歌善舞，下棋、打球樣樣都在行，並且在不同場合與各式各樣的人相處時比較留意周圍人在談論什麼，注意從多方面提升自己的文化素養和各項專業知識，那麼你一定能在社交活動中處於積極主動的優勢地位。

四、小奉獻

這也是至關重要的一點。維繫好人際關係，適當多做一點小奉獻是必不可少的，當然，前提是不損害自己利益並有利於他人。要隨時記得，「施」比「受」更能令人身心愉悅，且由此帶來的諸多好處和長遠的前景是功利主義者所不能企及的。

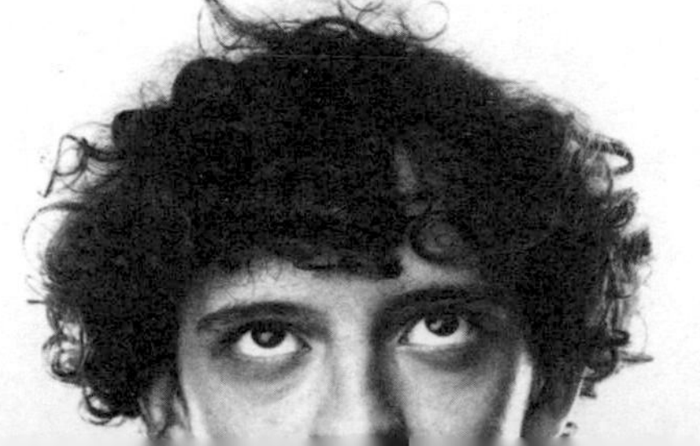

Chapter 3 你是否容易得罪人

如果你抱著朋友剛送的精美玻璃製品上了公車，這時一個急著上車的人把你的東西撞碎了，而這個人竟然是你以前的鄰居。這時你會：

A · 不管他是誰，大發雷霆，把對方罵得狗血淋頭

B · 算了！自認倒楣，只能氣在心裡

C · 要求對方照價賠償

D · 安慰他說沒事

選擇 A：你總是認為朋友只是暫時的關係，而真正能給你安全感的是摸得到、看得到的財富或物質。在你的觀念中，你心愛的東西會比朋友重要。所以，你的朋友到最終都會成為你的敵人。

選擇 B：你在處理人際關係的心態上，有點委曲求全，可能是你怕和別人形成敵對的狀態，而這種敵對狀態會給你帶來很大的心理壓力和精神負擔，所以你沒有信心去處理這些關係。建議你不要過分壓抑自己，否則會漸漸地脫離人群。

選擇 C：你覺得你和所有的朋友都是處於對等狀態，沒有誰該怕誰，誰該讓誰的說法。因此，你的態度很客觀，也很中立。但遇到一些自我意識較強烈的人，就會認為你不講人情，因而得罪對方。

選擇 D：你很尊重對方的自尊和價值，讓對方感受到他自己是一個很受重視的人。因此，他除了感謝之外，還會以對等的態度回報你，將你當成最好的朋友。

稱呼得當

不同的地區、不同的民族和不同的語言傳統，稱呼的習慣可能差異很大；不同的職業、職務、性別、年齡的人，對稱呼的需要和期望也不全一樣。這就造成了人際稱呼的複雜性和多元化，增加了稱呼得當的難度。但有一條是共同的，那就是要尊重他人和禮貌待人，這樣，對方心裡就會產生一種自豪感和滿足感，反過來對方也會樂於與你接觸，主動和你溝通，這就使交往有了良好的開端。但僅有此還不夠，在具體稱呼時還要注意做好以下幾點：

一、記住對方姓名

姓名不僅是將自己與他人的存在予以區別的標誌，而且不少人的名字還凝聚著父母對子女的期望。由於自尊的需要，每個人都會重視和珍愛自己的名字，同時，也希望別人能記住和尊重它。因此，當自己的名字被別人叫到時，就認

為自己受到尊重，心裡感到愉悅，對稱呼自己的人懷有親切感。古今歷史上一些領導人、政治家和企業家對人的這種心情很瞭解，與人寒暄時不只說句「您好」，而是在「您好」前面或後面冠以對方名字，這樣做發揮到了很好的心理效應。我們對久別之後對方仍能一下子叫出自己的名字，總是感動萬分、欽佩不已，就是因為這個緣故。

二、符合年齡身份

稱呼必須符合對方的年齡、性別、身份和職業等具體情況。對年長者稱呼要熱情、謙恭、尊重；對同輩則要態度誠懇，表情自然，親切友好，表現出你的坦誠；對年輕人要注意慈愛謙和，表達出你的喜愛和關心；對有較高職務或職稱者，要稱呼其職務或職稱。總之，要講究禮貌，既表達出你對對方的真誠和尊重，又不卑不亢。切勿使用「喂」、「哎」等來稱呼人，同時，也應力戒點頭哈腰，滿嘴恭維話。

三、有禮有序有節

在與多人打招呼時，如果群體中有年長者，也有年輕人或異性在場，就要注意稱呼的順序。一般而言，應先長後幼，先上後下，先女後男，先生疏後熟識為宜。稱呼最能表達說話人的道德修養、知識水準，也表現著他的交往技巧。稱呼兼顧長幼的差異，會使年長者覺得受了尊重，年輕人也心中坦然；如順序顛倒，不但會使年長者不滿，而且被稱呼到的年輕人也會感到窘迫。再者應注意尊重女性，在與一個同樣年齡、身份的群體打招呼時，先稱呼女性，會使對方感到你有較高的修養，從而樂於與你交往。

需要強調的是，以上各點並不是孤立的，而是彼此制約、密切相關的，它們從不同側面共同決定著稱呼的得體與否以及稱呼得體的程度。在日常生活中我們只有依據稱呼對象和交往場合等的具體情況，從多方面分析稱呼對象的稱呼需要，選擇得體的稱呼語，才能收到最理想的稱呼效果。

握手得體

握手是最普通、最常使用的一種見面禮和告別禮，一個人的教養常透過這個動作表現。在美國，握手時，男女之間由女方先伸手。男子握女子的手不可太緊，如果對方無握手之意，男子就只能點頭鞠躬致意。長幼之間，年長的先伸手；上下級之間，上級先伸手；賓主之間，則由主人先伸手。

握手之時，掌心向下顯得傲慢，掌心向上顯得謙恭，而伸出雙手去捧接對方的手則更是謙恭備至了。握手時應注視對方，並脫下手套。如果因故來不及脫掉手套，須向對方說明原因並表示歉意。還應注意人多時不可交叉握手，女性彼此見面時可不握手，不可以長久地握著異性的手不放。男士與女士握手時間要短一些，用力輕一些。不要用左手與他人握手。特殊情況下用左手須向人致歉。

最普通的握手方式是會面的雙方各自伸出右手，手掌均呈垂直狀態，然後五指並用，稍許一握，時間以一至三秒鐘為宜。此時需要雙眼注視對方，含笑致意。握手時，上身要略向前傾，頭要微低一些。

握手的規則是：男士、晚輩、學生、下級、客人見到女士、長輩、老師、上級、主人時，應當先行問候，待後者伸出手來之後，再向前握手。

如一個人與許多人握手，最禮貌的順序是：先女士後男士、先長輩後晚輩、先老師後學生、先上級後下級。女士若不打算與向自己首先問候的人握手，可以欠身致意。

做好介紹

在人際交往中如能正確地利用介紹，不僅可以擴大自己的交際範圍，廣交朋友，而且有助於自我展示、自我宣傳，在交往中消除誤會，減少麻煩。自我介紹，即將本人介紹給他人，關係到人們留在他人心目中的第一印象的好壞。

自我介紹時一定要抓住時機，在適當的場合，在對方有空閒，而且情緒較好又有興趣時進行自我介紹，這樣就不會打擾對方。自我介紹的內容包括三項基本要素：本人姓名、供職單位以及具體部門、擔任的職務和所從事的具體工作。自我介紹的表情、態度、姿勢要自然大方，態度一定要自然、友善、親切、隨和。要鎮定自信、落落大方、彬彬有禮。

為他人作介紹的原則是：把晚輩介紹給長輩，把男士介紹給女士，把未婚者介紹給已婚者，把職位低者介紹給職位高者。如家中來了很多客人，一般是把晚到的介紹給早到的。介紹家人與他人相識，一般要加稱呼。有時介紹他人相識可以直接使用介紹信、名片。

人們在交往中普遍地使用名片，主要用於自我介紹和建立聯繫。在交際中，經介紹與他人認識以後，應立即取出身上帶著的名片，雙手交給對方。如若你是收取名片的一方，在別人給你名片以後，應迅速遞上自己的名片。若沒有帶，則應道歉。

不管是收到名片還是送名片都不可隨便放在桌子上，遺忘或由對方自取。而應該尊重自己和別人的名片，很妥善地遵守交接名片的禮儀，並養成良好的習慣。

接受他人的名片時，應當恭敬地雙手捧接，並道感謝，使對方感受到你對他的尊重。接過別人當面遞上的名片後，一定要仔細地看一遍，不懂之處立即請教。

或者有意識地重複一下名片上所列的對方的姓名與職務，以示仰慕。絕不可以一隻手去接別人遞上的名片，也不可以不看一眼就把它放進口袋裡。

如果是介紹人出於禮貌只給雙方作了簡單的介紹，雙方又均無深交之意，那麼不需要交換名片，相互點頭致意或握手即可。倘若一次與許多人交換名片，並且都是初交，那麼最好依照座次來交換，同時記好名字。如果想向別人索要名片，不要直截了當地做出請求。含蓄地向對方仔細地詢問姓名、部門、地址、電話等等，別人是會領會你的意思並願意給你名片的。

女士優先

女士優先的禮儀來源於中世紀歐洲，當時的歐洲以講究男子的騎士風度著稱。該禮節的核心精神是：要求男士在任何時候、任何的情況下，都要從行動的各個方面上尊重婦女、照顧婦女、幫助婦女、保護婦女。例如：

一、同行的男女外出且條件不允許並行時，男士應讓女士先行，但是遇到障礙和危險時，男士要積極主動地走在女士前邊，為其開道，保護安全。

二、在街上併行時，男士應走在女士的左邊，面臨危險的外側，意思是走在最危險的一側，保護女士，以防女士為車輛所驚嚇。

三、陪同女士乘坐公共汽車或火車時，男士應當首先登車，設法為女士找一個座位，然後自己尋找一個靠近她的座位，如果沒有則應站在她的附近，以便照顧。而在車上有座的男士一般要向站在身邊的女士讓座。

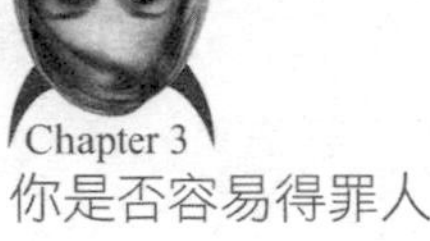

四、陪伴女士時，男士不應抽菸。要考慮女士的健康。

五、參加社交聚會，男賓應先向女主人問好，再向男主人打招呼。女賓入室，先到達的男士應起立迎接。男士絕對不能坐著與站立的女士交談，與陌生的女士交談要有分寸。

六、出外用餐，男士應先幫女士入座。即先將椅子從桌下拉出來，待女士就座時再輕輕把它移向餐桌，然後自己坐在女士左側或對面，點菜時，應先把菜單遞給女士，請她先點。身邊的女士已經進餐，男士才可以再行進餐。

七、與女士一起外出，應主動幫她攜帶背包、文件以及外衣或沉重的物品，但不要要求幫她拎隨身的小包，因為其中通常裝著婦女用品等屬於個人的私人物品。

八、如果男士為女士效勞遭到再三的拒絕，則男士不必勉強。女士之所以這樣做，一定會有她的理由，執意去幫則易產生誤會。

遵守約會時間

約會，就是人們預先約定的會晤。不遵守約會時間，就是不尊重他人的表現。因此，遵守約會，對談話有直接的影響。

在快節奏的現代社會，浪費了他人的時間，等於謀害他人的性命，而不遵守約會就是嚴重地浪費他人的性命，樹立嚴格的時間觀念是十分必要的。

與他人約會前，要提前約好明確的會晤地點，以節省尋找地點的時間，不會產生因尋找地點而耽誤了時間的情況。對於約會要極其重視，不能忘記或記錯約會的時間和地點。無故失約，是對他人最大的不尊重。稍許的遲到，也是不應該出現的。

約會是雙方協商而定的，所以談論約會時，提出者的語氣應平緩、和藹，不可用好像要直接給對方下達約會指令的語氣，有把自己的意願強加給對方的意味，如果需要拒絕約會時，應說明不能赴約的理由，不要使對方感覺到受了輕視而不快，小心不要傷害他人的自尊心。

如果敲定了約會的時間和地點，就要按時赴約。主約人因為需要提前做好必要準備，所以要早一些到達約會地點。沒有特殊情況，不能擅自、輕易地變動約會的時間與地點。如實在需要變動，應提前向對方提出更改並說明原因，並致以歉意。然後由對方根據他的時間，商量新的約會時間與地點。

雖然在約會時遲到是失禮的表現，但是作為被約人早到，同樣也是失禮的。因為主人可能尚未準備完畢，早到會造成主人的尷尬，而晚到則使主人和其他人久等。因交通等因素而早到或晚到者，要向對方致歉，但是這個因素是你在出發時就要考慮在內的，也不能作為理所當然的理由，只有按時到達，才是最禮貌的。

當確有原因失約或遲到的一方致歉後，另一方要表現出寬容和體諒。並且在對方說明原因後，安慰對方。然後雙方再在融洽的氣氛中談話。

留意自己的清潔衛生

人際交往中，你的衣服可以不是名牌品，但是一定要做到頭髮和服飾的整潔，包括個人清潔衛生以及居住環境的清潔，這些都是最能表現你的為人，所以都不能掉以輕心。

帶隱形眼鏡或者上了年紀的人，都要注意經常檢查眼角是否有異物，並及時清潔異物。

如果要參加交際活動，一定要先做好個人的衛生，洗澡、刷牙等，全身上下都不能有任何異味。吃大蔥、大蒜等氣味濃烈的食物，絕對會讓人對你敬而遠之，如果實在無法避免或者因為身體的健康原因，可以用口香糖或爽口劑等祛除臭味。

洗淨頭髮，梳理好整齊適合的髮型，隨時要留意你的頭皮屑，不要讓你的上衣領子或是衣服的背後落下頭屑，頭皮屑是破壞形象的頭號殺手。

手是人的第二張臉，所以要時常保持乾淨，即使再繁忙和勞累，對手也不能有絲毫的馬虎。如果自己的手指非常好看，很適合留指甲，那就一定要注意隨時對其進行清理，而且在與人握手時也要多加小心。

挖鼻孔、掏耳朵更是交際活動中的大忌。吃飯後也不可在眾人面前，用牙籤去剔牙齒，這樣做會倒別人的胃口。

自己的居住環境最基本的要保持室內的衛生，經常給房內通風換氣，保持屋內空氣的新鮮，以利於自己的身體健康。室內目光所及之處和擺放的物品，不可有灰塵或污痕。室內的紡織品，如窗簾、桌布等應時常清洗。菸灰缸、杯子這些常用的器皿使用之前要清洗乾淨。

熱情接待每一位客人

不同的民族和不同的國家都有不同的待客之道，接待客人是一門藝術，它要求講究禮節，考慮周全，面面俱到。

如果客人來訪前提前給你打過招呼，你應事先有所準備，包括打掃室內，準備好水果點心，並注意換上正式衣服，修飾儀表。身為女主人，更應精心打扮。家人也要給予合作，主人也要提前與家人商議，例如，不要讓年幼的孩子去糾纏客人。成年的家人之間，言行要檢點，也不要當著客人的面拌嘴，以免產生誤解。

對待客人不宜過於客套，會讓客人覺得不舒服，貫穿於待客的整個過程之中的是尊敬與體貼。遠道而來的客人，夫婦應共同前去迎接，並將家人一一給予介紹。

如果客人是不期而至，無論多忙，也都要表示熱情歡迎和接待，微笑著握手問候。若家人尚需整理室內整潔，應請客人在門外小候，但不要過度冷漠，不要冷落了客人。

若客人沒打招呼直接進入室內，應立即起立表示歡迎，示意客人就座，不要先責怪對方無禮。與客人談話態度要誠懇，不要顯出厭倦或不耐煩的樣子，讓客人很尷尬，覺得自己不受歡迎。如客人到達時還有其他客人，且雙方互不相識，主人要主動代為介紹。

如果家中的客人不是自己的客人，有禮貌地見過面、打招呼或是問好之後，即可告退，沒有必要陪同始終。如果客人需在家中留宿，事先要做充分準備，在留宿期間可以陪客人在家的附近進行一些參觀、遊覽。

不要做暗示、催客人離開的動作，與客人談話時不要頻頻看錶，如果有急事可道歉後先行告別，讓家人照顧客人。當客人告辭時，應一一與之握手告別，將客人送至門外，並道「歡迎再來」。對第一次來的客人，還要主動介紹或安排對方回去的交通工具和交通路線。

禮貌拜訪你的朋友

在拜訪朋友的時候，時間和地點上要客隨主便。有的人不喜歡在辦公期間接待私人朋友，有的人不願在家待客。拜訪朋友應事先約定，並準時到達。

在凌晨、深夜等朋友休息的時候，以及用餐時間，不宜作突然的到訪；不要隨便地去別人的家裡看看，這會打亂人家的全部安排，而且也是很不禮貌的；假日是工作者難得的假期，屬於私人的休息時間，難得輕鬆，不要輕易打擾。

做客之前要穿戴整齊，個人的形象要整潔大方。在到達主人家後，要先徵得主人的同意方可進入，絕對禁止直接推門而入，這樣的舉動太過魯莽。可以在進門之前敲門或按門鈴，但是敲門的聲音不要太大，不要像砸門一樣，按門鈴不要過於頻繁，也不要時間太長。主人開門之後，要等主人確認是否同意自己入室拜訪，如果未被邀入室，不要主動地擅自進入室內。主人若沒請客人就

座，則表明不打算留客，客人應該及時地領會，退到門外，長話短說，進行簡短交談後離去。

在普通朋友家，客人不要亂動主人的私人物品和擺設，也不能顯出像在自己家裡似的，很隨便地亂脫、亂扔衣服，不要以自己的好惡和眼光評論主人家中的裝飾和陳設。

在拜訪時可以帶給主人一些小禮物，例如，也可以給主人家裡的長輩或小孩買一點小禮物，不宜過於貴重，只是表示心意。送出時要大大方方。在主人的家人面前送禮物，不要私底下偷送給某一位，特別是如果客人是男士，更要在主人夫婦的面前遞上禮物，不能只將禮物塞給女主人，這樣是很不禮貌的。

不要帶很小的孩子去做客，這樣很不方便，容易弄髒和弄亂主人的家。做客時要大大方方、誠懇自然，要講究禮貌及衛生，不要把別人的屋裡弄得煙霧騰騰，也不要在別人的臥室裡亂躺。

不要影響主人的休息，所以沒有要事不要逗留太久，一般不要在主人家裡過夜。辭行時要感謝主人的接待。

積極解除誤會

每個人都是社會中平等的一分子，都有自己的情感和思想，最大的痛苦莫過於當自己的言論或思想被別人誤解的時候。為誤會痛失好友者有之，釀成災難者亦有之。那麼，學會在交際中解除誤會就顯得格外重要而實際了。

首先，對於誤會不要過於認真，也不要不重視，以一顆無私心讓誤會消失於無形。我們身邊經常發生誤會，但誤會多了，累積成較嚴重的誤解，就容易引起各種關係發生根本轉變，本來是好朋友可能關係疏遠，甚至反目成仇。但是不等閒視之，並不等於看得比什麼都重要。對經常發生的小誤會，沒必要都作解釋，這要靠一個人的人格力量，心底無私、樂於助人的品格去化解。

其次，要用一顆平常心坦然處理誤會。有時候，你越是表白你是不幸的、無辜的，越是說得頭頭是道，比真理還要真理，比任何人都要真誠，對方越是認為你心虛膽怯。要選準時機，才能讓對方明白你的心意。對待別人的誤解，不能耿耿於懷，需要以一顆忍辱負重心，樂觀曠達地接受它，將誤會融化在自己忍辱負重的胸懷裡。只要一如既往地付出愛心，總會使對方幡然醒悟，而且一定被你所感動，從他那裡將得到真誠的友誼。

再次，不急躁魯莽，以一顆細緻的心喚醒對方。生活中，某些人喜歡轉動自私的軸心，在朋友之間、上下級之間煽陰風點鬼火，製造誤會，挑撥離間，達到滿足私慾的目的。因此，遇到誤會千萬不要急躁魯莽，而要平心靜氣，細心思索，及時溝通，使對方從蒙蔽之中醒來。

主動重修舊好

衝突和摩擦在正常的人際交往中是不可避免的，一時感情衝動，往往會殃及長久苦心維持的友情，事後想來，這些情況的發生都是為我們所不願的。如果有機會彌補，何樂而不為呢？以下簡單介紹幾種修復因暫時的衝突而翻臉的解決方式。

一、要謹記，舊事不重提原則

當雙方因一件小事而鬧僵，但同時又有重歸於好的願望，最好是讓過去了的事都過去，刻意地去忘了這段不愉快，切不可繼續追究盤查，更無需分辨誰是誰非。兩人你我依舊，寬厚待人，淡忘舊事，自然而然地便得以重歸於好。

二、尋找時機，主動示意

好的時機會令你示好的意圖得以充分表達，獲得期望以外的效果。例如，對方生病時你代為照顧其家中小孩，或有別的困難時你毫不吝惜伸出援助之手，拉他一把，都會使對方有更為深刻的體會，在欣然接受之餘更生感激和愧疚之心。

三、對過失採取適當補救

二人鬧僵，雙方都有責任，不能單純只責怪哪一方。所以想要重歸於好，自我檢討是不可少的。為求得對方諒解和表達誠意，應主動積極地加以補救，但同時也要掌握好尺度，無須過分自責。以達到既能將過失化解，又能得到對方認可的效果為目標。

四、寬容隱忍，理解對方

出現翻臉的局面可能屬對方有意，但也不排除無心的情況。此時，寬容和理解就顯得尤為重要。以豁達的胸襟容忍對方過失理解其行為，是良好心態和優秀心理素質的表現，關鍵時刻邁出積極主動的一步，在恰當的時機也足以彰顯出你獨特的人格魅力。

與人談話的好習慣

在交際場合，自己講話要給別人發表意見的機會，別人說話，也應適時發表個人看法。要善於聆聽對方談話，不輕易打斷別人的發言。一般不提與談話內容無關的問題。

如對方談到一些不便談論的問題，不要對此輕易表態，可轉移話題。在相互交談時，應目光注視對方，以示專心。

對方發言時，不左顧右盼、心不在焉，或注視別處，顯出不耐煩的樣子，也不要老看手錶，或做出伸懶腰、玩東西等漫不經心的動作。

談話的內容一般不要涉及疾病、死亡等不愉快的事情，不談一些荒誕離奇、聳人聽聞、限制級的事情。一般不詢問女士的年齡、結婚與否，不逕自詢問對方的履歷、薪資收入、家庭財產、衣飾價格等私人生活方面的問題。與女士談話不說女士長得胖、身體壯等語。對方不願回答的問題不要追問，不追根究底。例如不小心說到對方反感的話題時應表示歉意，或立即轉移話題。一般談話不批評長輩、身份高的人，不譏笑、諷刺他人。

男子一般不參與女士圈內的議論，也不要與女士無休止地攀談而引起旁人的反感。與女士談話更要謙讓、謹慎，不與之開玩笑，與之爭論問題要有節制。

談話中要使用禮貌語言，如，你好、請、謝謝、對不起、打攪了、再見，等等。在中國人們相見習慣說「你吃飯了嗎？」「你到哪裡去？」等，有些國家不用這些話，甚至習慣上認為這樣說不禮貌。

對新結識的人常問：「你這是第一次來我國嗎？」、「到我國來多久了？」、「這是你在國外第一次任職嗎？」、「你喜歡這裡的氣候嗎？」、「你喜歡我們的城市嗎？」等。

在社交場合，還可談論涉及天氣、新聞、工作、業務等事情。

在社交場合中談話，一般不過多糾纏，不高聲辯論，更不能惡語傷人、出言不遜，即便爭吵起來，也不要斥責，不譏諷辱罵，最後還要握手而別。

Chapter 4 你交際的弱點在哪裡

你在學校度過的時間裡，特別是那段心理上極度叛逆的時期，你覺得老師身上最不能讓你忍受的是什麼？

A · 情緒不穩定，容易「歇斯底里」，對學生實行精神壓迫

B · 專制，不聽取學生的意見

C · 不公平，偏袒所謂的好學生

D · 對學生使用暴力

選擇A：這個選擇其實就是自我缺陷的自然暴露。一旦遇到什麼不如意的事情就會「歇斯底里」，情緒極不穩定。你的這種表現方式很容易引起別人的情緒疲勞，建議你注意克制自己的情緒。

選擇B：你是那種頗具領導力的人，在工作中往往起著決定性的作用。但是你需要有多吸取一些周圍人意見的謙虛態度，否則，最終有可能誰也不會再順從你。

選擇C：你有一些心理恐慌症的表現。一般來講，你的交際範圍容易往縱向深入，很難橫向擴展，對於自己討厭的人，你往往將它們徹底排除在你的社交圈外，只願意與某一些特定的人建立更好的關係。

選擇D：你可能是那種動作、語言很粗暴的野蠻人。交往的過程中，因為一點不如意就出手或出口傷人。建議你一定要注意控制自己的情緒，否則你會很容易和不瞭解你的人發生激烈的衝突。

孤獨

孤獨的人常常獨自生活，很少有朋友，也很少進行社交活動。他們害怕社交風險，往往在交際中感到消極。

人人都有感到孤獨的時候，但並不是人人都可以戰勝孤獨。有些人的孤獨是內在而穩定的，他們面對孤獨無能為力，束手無策；而有些人的孤獨則是外在而且可以控制的，這些人只是在某些特定的時間裡感到莫名的孤獨，他們相信自己能夠駕馭它，並能積極地做些排除孤獨的事情。

真正的孤獨，往往存在於那些雖然進行著人與人之間的接觸，卻沒有情感和思想交流的人們之中。事實上，不管你是置身於人群，或是獨處一室，只要你對周圍的情況缺乏起碼的瞭解，與你身處的世界無法溝通，你就會體會到孤獨的滋味。

孤獨一般有兩種類型：其一是情緒性隔絕，指孤獨者不願意與周圍人來往；其二是社會性隔絕，指孤獨者不具有朋友或親屬的關係網。

孤獨產生的原因多而複雜，比如事業上的挫折，缺乏與異性的交往，失去父母的摯愛，夫妻感情不和，周圍沒有朋友等。此外，孤獨的產生，也與人的性格有關。比如有的人情緒易變，常常大起大落，容易得罪別人，因而使自己陷入一種孤獨的狀態；還有的人善於算計，凡事總愛斤斤計較，考慮個人的得失太重，因此造成了人際交往的障礙。

孤獨對人體健康有很大的危害。根據統計，身體健康但精神孤獨的人在十年之中的死亡數量要比那些身體健康而合群的人死亡數多一倍。人的精神孤獨所引起的死亡率與吸菸、肥胖症、高血壓引起的死亡率一樣高。

心理學家發現，孤獨者的一些行為，常常使他們處於一種不討人喜歡的地位。比如他們很少注意談話的對方，在談話中只注意自己，與對方談的很少，常常突然改變話題，不善於及時填補談話的間隙等。心理學家指出，如果孤獨者受到一定的社交訓練，如學會如何注意與對方談話後，他們的孤獨感就會大為減少。

所以，孤獨是可以改變和戰勝的。戰勝孤獨有哪些方法呢？

第一，多與外界交流。每個人都有表達自己思想感情、內心感受的需要。獨自生活並不意味著與世隔絕。一個常年在山上工作的氣象員說，他的身邊沒有人可以傾訴，但他感到有必要把自己的思想告訴家人，所以他就用寫信來滿足了自己的這一要求。

第二，多與快樂的人相處。人的性格會受周圍環境的影響，經常與開心的人們在一起，你會自然而然地受到他們的感染，產生「近朱者赤」的效應。慢慢的，你就會敞開自己的心扉，變得快樂起來。

第三，「忘我」地與人交往。與人們相處時感到孤獨，有時會超過一個人獨處時的十倍。這是因為你和周圍的人格格不入。例如，你到一個語言不通的地方，由於你無法與周圍的人進行必要的交流，也無法進入那種熱烈的情感中，所以，你在他人熱烈的氣氛中會倍加孤獨。因此，在與他人相處時，無論是什麼樣的情境下，都要做到「忘我」，並設法為他人做點什麼。

靦腆

在人際交往中，拘謹羞澀，眉低臉紅，說話聲小，表情緊張等都可以看作是靦腆的表現。靦腆的人在與人初次交往時，對談什麼話，如何保持目光接觸，都感到為難、不自在。他們不善於言表，尤其在人多的場合，嘟囔半天也表達不出自己的意思，讓人著急甚至引起誤解，成為社交的一大心理障礙。

產生靦腆的原因有很多：有的人天生膽小內向，性格原因使然；有的人認識有誤，怕在人前出醜，有損自己的面子；有的人受過幾回挫折就喪失了勇氣，變得謹小慎微起來；有的人持有傳統保守思想「言多必失」、「禍從口出」等。這些原因束縛著人們的言行，造成一些現代人在人前感覺靦腆，無法行動自如的情形。

帶有靦腆傾向的人，總是在設想著會發生什麼意想不到的壞事情。他們在社交中不懂得把握與人共享親密的良機，也不會有多大的愉快享受。

臉紅也是靦腆的常見表現，在各種場合都可以發現愛臉紅的人。遭受他人羞辱時、在公共場合出醜時，或受到批評時，靦腆的人因煩躁不安、心情沮喪、羞愧難當而變得臉紅；在受到表揚時，需要當眾發言時或與異性初次見面時，靦腆的人又會因為內心的羞愧而變得臉紅。

作為年輕人，靦腆容易使你喪失進取的機會，失去許多本可以交到的朋友，錯過上司或老師賞識你的可能性，漏掉施展才華、發揮才能的時機等等。

如何克服靦腆呢？首先，要做超脫的一代，成為一個灑脫的人。其次，在人前鼓起勇氣，自我鼓勵。只要多給自己壯膽，多給自己鼓勁，隨時注意調整好自己的情緒，靦腆就會被制服。「壯膽」不是憑著傻大膽，鼓勁也不是亂鼓一氣，而是要在拓展胸襟、開拓視野的堅實基礎上，有利有力地去做。再次，與人交談時訓練自己看對方的眼睛，讓人感覺到你是一個坦誠而有自信的人，給人留下良好的印象。

最後，克服靦腆心理的另一竅門就是改變自己與人交談的方式。常常，靦腆者感覺與人交談十分困難。研究人員已發現，為了使談話不至於中止，他們會用「是的，我同意」或「多有趣啊」來敷衍。其實，當人際交流受阻時，可以問些開放性的問題，如「你是怎麼形成這種愛好的？」等。輕鬆隨意的話題能夠表達你的友好，也可能將注意力集中在對方，而不是自己身上。

總之，只要你有信心、肯努力，就沒有跨不過去的障礙，何況僅僅是靦腆的心理呢？如果你是一個在人前感覺靦腆的人，並認為靦腆的確阻礙了你與他人更好地進行交往，成為了你社交的障礙，那麼試試上面的良策吧！你會發現克服自己的靦腆心理將變得輕而易舉起來。

嫉妒集中表現為心理上的惡性循環。在一定的環境中，某些人在一些方面，如：才學、收入、穿著、成就、人緣關係等高於自己時，立即產生一種由羨慕轉為惱怒甚至忌恨的情緒，並試圖以種種方式中傷、詆毀他人，以維持心理平衡。在攻擊方式上，依據個人的心理素質和道德修養程度而定，多以暗中較量、曲折迂迴的不公開方式出現。

嫉妒使人們對同事在工作中的成績和貢獻採取貶低、冷落，甚至惡意中傷的態度；對兄弟姐妹受到長輩的寵愛感到不滿和憤恨；若是自己容貌欠佳，身材不理想則會對天生麗質者產生無名的嫉妒之火。嫉妒還使人們對戀人或配偶以前的生活經歷特別敏感，刨根究底，並對她們的行為及社交圈採取嚴密的防範措施，這是一種在極端占有慾的情感支配下的行為方式。有嫉妒心理的人總是企圖壓倒別人、操縱別人甚至占有他人的感情。然而往往由於自己勇氣不足，優柔寡斷，能力低下，手段惡劣而事與願違。於是嫉妒者不得不經常掙扎在不良心境的痛苦漩渦之中。

防治嫉妒心理，首先要認識嫉妒對身心健康造成的危害，心胸要開闊，以誠摯友善、豁達大度的態度與他人相處。其次要知己知彼、正確評價，明瞭雙方長短，學會駕馭感情的激流。還要克服自己性格上的弱點。一般來說，虛榮心強、好出風頭的人容易產生嫉妒心理；狹隘自私，敏感多疑的人也易產生嫉妒心理；軟弱、依賴、偏激、傲慢等性格上的弱點，同樣是誘發嫉妒心理的溫床。最後要善於化嫉妒為積極進取的動力，奮起直追、不斷充實自己，使潛能和特長得到充分發揮。

至於被嫉妒者也不能持與嫉妒者直接起衝突的心理，以牙還牙。對於來自嫉妒者的刺激，應冷靜對待，有則改之，無則加勉，不受干擾，堅持走自己的路，勇往直前。比如，有一位業餘作者，文字能力很強，別人三天的工作，他一天就完成。因此常利用業餘時間寫稿，一年稿費收入達數十萬元。一些嫉妒

之人議論紛紛，甚至向主管進讒言。而他抱定自己利用業餘時間創造出精神財富是高尚之舉，依然故我。於是嫉妒者不僅誹謗，還在他辦公室貼了小字報，「不務正業，給報社寫文章，一年成為數十萬元戶……」這位作者看後用紅筆批示：「已閱。一年成為數十萬元戶是去年的價，今年已成倍地增長了。」這招真靈，非議之言隨即銷聲匿跡了。

嫉妒心理人人有之。積極型的嫉妒是事業成功的動力，而消極型的嫉妒則是滋生邪惡的因素，這已被無數事實所驗證。這兩種效應若處理得好，會使自己事業有成，得到社會的承認；處理得不好，會使自己遭人唾棄。所以說，如何正確對待嫉妒，對一個人的成功與否至關重要。嫉妒很容易使你疏遠別人，實際上，與其羨慕別人的成就，不如自己去努力爭取。

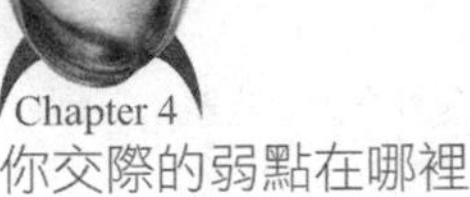

猜疑

猜疑是人性的弱點之一，歷來是害人害己的禍根，是卑鄙靈魂的伙伴。一個人一旦掉進猜疑的陷阱，必定處處神經過敏，事事捕風捉影，對他人失去信任，對自己也同樣心生疑竇，損害正常的人際關係，影響個人的身心健康。有猜忌心理的人，往往愛用不信任的眼光去審視對方和看待外界事物，每每看到別人議論什麼，就認為人家是在講自己的壞話。猜忌成癖的人，往往捕風捉影，節外生枝，說三道四，挑起事端，其結果只能是自尋煩惱，害人害己。

導致猜疑的原因主要與個人的一些特點有關：

有些人在某方面自認為不如別人，但自尊心過強，因而總以為別人在議論自己、算計自己、看不起自己。越想越認為是真的，陷入猜疑怪圈而無力自拔。

還有些人以往比較輕信別人，並視之為知己，告訴許多個人的祕密。但卻遭到他的欺騙，從而蒙受了巨大的挫折和失敗，甚至導致很強的防禦心理，不願再信任他人，遇到什麼事情都要懷疑再三。

猜疑似一條無形的繩索，會捆綁我們的思路，使我們遠離朋友。如果猜疑心過重的話，那麼就會因一些可能根本沒有或不會發生的事而憂愁煩惱、鬱鬱寡歡；猜疑者常常嫉妒心重，比較狹隘，因而不能更好地與周圍的人交流，其結果可能是無法結交到朋友，變得孤獨寂寞，對身心健康都有危害，因此需要加以改變。

克服猜疑心理的方法如下：

第一，理性思考，不無端猜疑。當發現自己生疑時，不要朝著有利於猜疑的方向思考，而應問自己：為什麼我要這樣想？理由何在？如果懷疑是錯誤的，還有哪幾種可能發生的情況？在做出決定前，多問幾個為什麼是有利於冷靜思索的。

第二，發現自己的優點，增強自信心。每個人都不是十全十美的，都有自己的優點和不足。不要只看到缺點而垂頭喪氣，更重要的是發現自己的優勢，培養自信心和自愛心，相信自己有能力，會給他人一個良好印象的。

第三，增強對自我的調節能力。一個人在人生旅程中，難免遭到別人的議論和流言。如果猜疑別人對自己的看法，不必放在心上，但丁有一句名言：「走自己的路，讓別人說去吧。」要善於調節自己的心情，不要在意他人的議論，該如何做還如何做，這樣不僅解脫了自己，而且產生的懷疑也煙消雲散了。

第四，加強交流，解除疑惑。有些猜疑來源於相互的誤解，如果是這種情況的話，就應該透過適當的方式，兩人坐下來交流。透過談心，不僅可以使各自的想法為對方瞭解，消除誤會，而且還避免了因誤解而產生的衝突。總之，我們必須做到實事求是，理性思考，才能從猜疑的枷鎖中解脫出來。

偏見

有一則寓言，說的是有一位農夫丟失了一把斧頭，他開始懷疑是隔壁人家的兒子偷的，在這種心理支配下，他覺得那人走路的樣子，說話的聲調，臉部的表情和平常人都不一樣，很像偷了東西的人，後來，他自己的那把斧頭找到了，於是再留心觀察隔壁人家的兒子，覺得他的一言一行，一舉一動，臉部的表情又都不像一個偷斧頭的人了。

偏見是由於對他人或其他群體缺乏事實根據的、偏執於某一極端的、不符合事實的認識而產生的結果。偏見的特徵是以有限的或不正確的訊息來源為基礎，因而對一些人的看法往往是捕風捉影的、道聽塗說的、人云亦云的。

有偏見的人，看人處世容易走極端，往往「抓住一點，不計其餘」，如果說某個人好，就什麼都好，如果說某人不好，就一無是處。偏見使人囿於自己的一孔之見，使人用有色眼鏡看問題，使人懶于思索問題、拒絕接受新的東西，使人難於得出正確的判斷和結論，使人越來越無知和愚昧……總之為偏見纏身的人們，是很不容易理解他人的，不管對方是不是具有最美好願望和最善良動機。

那麼，如何克服偏見呢？

第一，避免先入為主。前面提到的那位農夫，先入為主地懷疑別人偷了他的斧頭，於是「真的發現」在他身上有許多疑點，其實這些疑點只不過是農夫自己主觀想像的結果，而並非真的事實。如果有些老年人平時在人際關係中總是喜歡道聽塗說，靠印象做出判斷，就難免要陷入「先入為主」的泥潭，對他人形成偏見。

第二，避免「循環證實」。有些人對他人的偏見十分強烈，而且這種偏見一旦形成後，久久不能消除，還自認有許多「理由」，究其原因是受了「循環證實」的影響。所謂「循環證實」，就是心理學上所說的「互動」效應，即你對某人抱有反感，久而久之，對方也會對你產生敵意，於是，你就相信自己最初的判斷是正確的。反感對反感，敵意對敵意，兩人的偏見和隔閡越來越深，遇到這種情況，自己應首先主動理智地改變偏執的態度和行為，切斷偏見的「惡性循環」。

第三，增加直接接觸。許多偏見往往是由於彼此間缺乏開誠佈公的交談接觸而形成和產生的。要克服偏見，就必須跨越敵意和不信任的心理障礙，加強直接接觸，不管你是喜歡還是不喜歡。

第四，提高知識修養水準。可以說，偏見是無知和愚昧的產物。一個人知識修養水準越高，觀察和分析問題的能力越強，偏見越少。反之，則容易受流言蜚語、道聽塗說的愚弄，而對人形成偏見。

自卑

之所以巨人高不可攀，是因為你跪著，站起來你就會驚異地發現，自己並不比別人矮多少，自己身上也有許多閃光點。

什麼是自卑？簡而言之，就是一種覺得自己不如別人，對自己的能力評價偏低。常有抑鬱、憂傷、膽怯、失望、害羞、不安和內疚等表現。有的人因為工作成績差產生自卑，有的人因為自己形象不夠好產生自卑，有的人因為自己的家庭條件不好，衣著不如別人時髦產生自卑，有的人甚至連自己臉上的青春痘也成為自卑的原因。

自卑是主觀的感受，容易產生自卑的人往往好與別人比高低，有很強烈的爭強好勝之心，急切地希望一切都超過別人，夢想一鳴驚人，虛榮心較強，容易為一時的成功而驕傲，也為一時的失敗而灰心喪氣。

人生中難免要遇到一些挫折，也難免會產生一時的自卑心理，關鍵是如何對待挫折，如何克服自卑心理。首先為自己制定的目標要切合實際，要以豁達和寬容的態度對待學習和生活中遇到的不如意的事。生活並不像一條小溪那樣，潺潺流動著，生活中會有激動和震盪，有高潮也有低潮。遇到挫折不要心灰意冷，怨天尤人，要振作起來，臥薪嘗膽，用勤奮去填平自卑的深溝。

解放黑奴的美國總統林肯，不僅是私生子，出生卑賤，且面貌醜陋，言談舉止缺乏風度，他對自己的這些缺陷十分敏感。

為了彌補這些缺陷，他力求從教育方面來汲取力量，拚命自修以克服早期的知識貧乏和孤陋寡聞。他在燭光、燈光、水光前讀書，儘管眼眶越陷越深，但知識的營養卻對自身的缺陷作了全面補償。他最終擺脫了自卑，並成為有傑出貢獻的美國總統。

貝多芬從小聽覺有缺陷，耳朵全聾後還克服困難寫出了優美的《第九交響曲》，他的名言——「人啊，你當自助！」成為許多自強不息者的座右銘。

在補償心理的作用下，自卑感具有使人前進的反彈力。由於自卑，人們會清楚甚至過分地意識到自己的不足，這就促使其努力學習別人的長處，彌補自己的不足，從而使其性格受到磨礪，而堅強的性格正是獲取成功的心理基礎。

自卑能促使人走向成功。人道主義者威特．波庫指出，在每個人的內心深處都有一種靈性，憑藉這一靈性，人們得以完成許多豐功偉業。這種靈性是潛在於每個人內心深處的一股力量，即維持個性，對抗外來侵犯的力量。它就是人的「尊嚴」和「人格」。

人們為了維護自己的尊嚴和人格，就要求自己克服自卑，戰勝自我。因此，令人難堪的種種因素往往可以成為發展自己的跳板。一個人的真正價值，取決於能否從自我設置的陷阱裡解脫出來，而真正能夠解救我們的，只有我們自己。即所謂「上帝只幫助那些能夠自救的人」。

強者不是天生的，強者也並非沒有軟弱的時候，強者之所以成為強者，在於他善於戰勝自己的軟弱。

恐懼

生活當中，你不可避免地要與各式各樣的人打交道，而社交是展示風采的重要方面，可能需要和重要人物交談，在公眾場合發表你的觀點，出現在談判、酒會、晚宴等各種社交場所。但是，你總是不由自主地退卻，或硬著頭皮去了，卻因表現失態而讓好機會白白溜走。你懊惱、後悔，但當下一個機會出現的時候，你又開始膽怯、猶豫、心慌、手顫，久而久之，自信心在一次次窘態中消耗殆盡。這就是我們通常所說的社交恐懼症。特別對於許多剛離開家門步入社會的年輕人來說，結交新的朋友，融入他人的社交圈子是一種心理上的挑戰。一開始總有一些手足無措的感覺，不知道如何做才能和大家打成一片。

人的社會性決定了人都有和別人交往的需要，否則就會有孤獨、寂寞、抑鬱、焦慮等不良情緒。可是，人的交往能力並不是生來就有的，是在後天環境

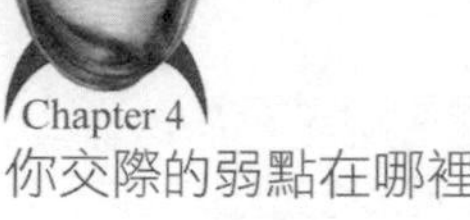

的陶和有意識地培養下產生出來的。遠離社交恐懼，我們可以採取以下幾種積極的方法。

第一，不否定自己，不斷地告誡自己「我是最好的」，「我一定能成功」。

第二，不苛求自己，能做到什麼地步就做到什麼地步，只要盡力了，不成功也沒關係。

第三，不回憶不愉快的過去，過去的就讓它過去，沒有什麼比現在更重要的了。

第四，友善地對待別人，助人為快樂之本，在幫助他人時能忘卻自己的煩惱，同時也可以證明自己的價值存在。

第五，找個傾訴對象，有煩惱是一定要說出來的，找個可信賴的人說出自己的煩惱。可能他人無法幫你解決問題，但至少可以讓你發洩一下。

第六，每天給自己十分鐘的思考，不斷總結自己才能夠不斷面對新的問題和挑戰。

第七，到人多的地方去，讓不斷過往的人潮在眼前經過，試圖給人們以微笑。

狹隘

有的人遇到一點點委屈或很小的得失便斤斤計較、耿耿於懷；有的學生聽到老師或家長一兩句批評的話就接受不了，甚至痛哭流涕；有的人對學習、生活中一點小小的失誤就認為是莫大的失敗、挫折，長時間寢食不安；有的人人際交往面窄，追求少數朋友間的「哥們義氣」，只和與自己一致或不超過自己的人交往，容不下那些與自己意見有分歧或比自己強的人。

狹隘的人，不僅生活在一個狹窄的圈子裡，而且知識面也非常狹窄。因此，開闊其視野很重要。如老師和家長多讓學生參加一些社會公益活動，參觀一些偉人、名人紀念館，聽英雄人物事跡報告會等。這能使學生在親身經歷中感悟很多人生道理。豐富業餘文化生活，參加多種多樣的文娛、體育活動，拓寬興趣範圍，使自己時刻感受到生活、學習、工作中的新鮮刺激，感受到生活的美好，陶冶性情，從而在健康向上的氛圍中增強精神寄托，消除心理壓力。

狹隘的人其心胸、氣量、見識等都侷限在一個狹小範圍內，不寬廣、不宏大。多與人接觸，使自己對不同的人有不同的認識，從而積累經驗，會從中明白許多對與錯的道理。

善於寬容是人的一種美德。對任何事都斤斤計較，一定是一個狹隘的人。受情緒、認識等的影響，這種人會產生一些盲動的行為，甚至會導致難以預料的後果。

與人相處應熱情、直率，善於團結互助，融「小我」於「大我」之中。交往的增多，可加深彼此的瞭解與溝通，更透徹地瞭解別人與自己，開闊心胸。

一個人活在世上，就要充分地挖掘生命的潛能，為社會做貢獻，給別人、給後人留下點有價值的東西。一旦把眼光放在大事上，自己一時的得與失則算不上什麼，對整體、全局有利的人與事就都能容納與接受，使眼光從狹隘的個人圈子裡放出去。拋開「自我中心」，就不會遇事斤斤計較，「心底無私」才能「天地寬」。

改變消極思維

希臘哲學家伊皮克特德說：「使人不安的不是事物本身，而是人透過這事物做出的結論。」消極思想和情感對人的影響比人意料的還要大。它使思考停滯，對自身產生懷疑，使人不能安眠、人際關係變得複雜。

在人際交往和日常生活中有消極思想的人常常會表現在以下幾個方面：

一、「反正也做不好，不做就算了！」

我們總是傾向於將事物的前景預料得很糟，人的注意力習慣於集中在冒險機率上而非機遇，這似乎也可以說明人們為什麼不會對成功唸唸不忘，而總是對失敗耿耿於懷。

二、「如果我能……就好了！」

我們不僅僅為未來無端的憂慮，還總是被過去的失敗和失意的陰影所籠罩，

我們在心裡不只一次地重溫昔日的打擊帶來的傷痛，然後固執地獨自沉浸其中，於是我們總是難於忘卻傷痛，一次又一次地回味著以往的失敗，無止境地幻想著不可能的事，這使人頹喪失落。

三、「我還不夠好！」

在越來越功利的社會裡，自我懷疑、膽怯和自卑情緒氾濫，這些情緒使成功的人也不免會產生嫉妒。每個人都希望有用武之地，永遠將自我最完美的一面呈現在別人面前，希望成功、被重視、有運氣，這些美好的嚮往使我們篤信媒體展現給我們的偶像：聰明、漂亮、處變不驚，其實這種狀況不僅是不現實的，也是非常不人道的，這種無休止的攀比和追求只能帶來無盡的失望和自我貶值。

四、「人性非常醜惡！」

相信我們每個人都曾將與人的一次不愉快的相處的經驗廣泛化、擴大化，這樣一來使得人們在與人的再次接觸中有了先入為主的壞預想，當情況極端化以後，甚至可能引發心腦疾病。

總之，有消極思想的人，無論成功或失敗，總會暗地存在一種否定性的思考，這種思考方式往往會影響人們的判斷能力。我們必須根除掉深藏於我們內心的消極思想。

在國際銷售組織，連續六年保持世界銷售第一紀錄的夏木志郎先生，曾經說過這樣一段話：

「每當到了傍晚六點鐘時，我就把今天過去了的一切失敗忘掉，否則，對於明天的生意是會有所妨礙的。在清早起來的時候，嘴裡也一定說『今天真是個好日子』；踏入辦公室前，就想一些過去成功的事情；在與客戶接洽的過程中，腦子裡便浮現出與對方順利簽訂契約的情景來。」

當你心目中有了一個對自己徹底肯定的信念時，和對方交涉的成功率必然很高。在你與人交涉的時候，千萬不要盡想那些曾遭失敗的事情，這是非常重要的。在日常生活中，你要儘量用肯定語來代替否定語並不時地激勵自己，若能做到這些，你自然就會具備積極行動的姿態，在人際交往中充滿自信，這對於你進行成功的社交活動至關重要。

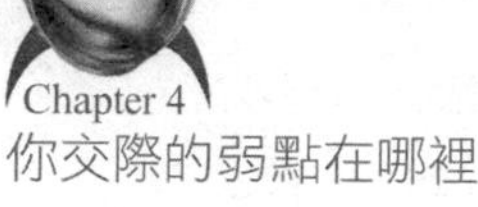

用實際行動建立勇氣

征服畏懼，戰勝自卑，不能誇誇其談，止於幻想，而必須付諸實踐，見於行動。建立自信最快、最有效的方法，就是去做自己害怕的事，直到獲得成功。具體方法如下：

一、突出自己，找前面的位子坐

在各種形式的聚會中，在各種類型的課堂上，後面的座位總是先被人坐滿，大部分占據後排座位的人，都希望自己不會「太顯眼」。而他們怕受人注目的原因就是缺乏信心。

坐在前面能建立信心。因為勇為人先，勇上人前，勇於將自己置於眾目睽睽之下，就必須有足夠的勇氣和膽量。久之，這種行為就成了習慣，自卑也就在潛移默化中變為自信。另外，坐在顯眼的位置，就會放大自己在主管及老師視野中的比例，增強反覆出現的頻率，發揮到強化自己的作用。把這當作一個規則試試看，從現在開始就儘量往前坐。雖然坐前面會比較顯眼，但要記住，有關成功的一切都是顯眼的。

二、睜大眼睛，正視別人

眼睛是心靈的窗口，一個人的眼神可以折射出性格，透露出情感，傳遞出微妙的訊息。不敢正視別人，意味著自卑、膽怯、恐懼；躲避別人的眼神，則折射出陰暗、不坦蕩心態。正視別人等於告訴對方：「我是誠實的，光明正大的；我非常尊重你，喜歡你。」因此，正視別人，是積極心態的反映，是自信的象徵，更是個人魅力的展示。

三、昂首挺胸，快步行走

許多心理學家認為，人們行走的姿勢、步伐與其心理狀態有一定關係。懶散的姿勢、緩慢的步伐是情緒低落的表現，是對自己、對工作以及對別人不愉快感受的反映。倘若仔細觀察就會發現，身體的動作是心靈活動的結果。那些遭受打擊、被排斥的人，走路都拖拖拉拉，缺乏自信。反過來，透過改變行走

的姿勢與速度，有助於心境的調整。要表現出超凡的信心，走起路來應比一般人快。將走路速度加快，就彷彿告訴整個世界：「我要到一個重要的地方，去做很重要的事情。」步伐輕快敏捷，身姿昂首挺胸，會給人帶來明朗的心境，會使自卑逃遁，自信滋生。

四、練習當眾發言

面對大庭廣眾講話，需要巨大的勇氣和膽量，這是培養和鍛鍊自信的重要途徑。在我們周圍，有很多思路敏銳、天資頗高的人，卻無法發揮他們的長處參與討論。並不是他們不想參與，而是缺乏信心。

在公眾場合，沉默寡言的人都認為：「我的意見可能沒有價值，如果說出來，別人可能會覺得很愚蠢，我最好什麼也別說，而且，其他人可能都比我懂得多，我並不想讓他們知道我是這麼無知。」這些人常常會對自己許下渺茫的諾言：「等下一次再發言。」可是他們很清楚自己是無法實現這個諾言的。每次的沉默寡言，都是又中了一次缺乏信心的毒素，他會愈來愈喪失自信。

從積極的角度來看，如果儘量發言，就會增加信心。不論是參加什麼性質

的會議，每次都要主動發言。有許多原本木訥或有口吃的人，都是透過練習當眾講話而變得自信起來的，如蕭伯納、田中角榮等。因此，當眾發言是信心的「維他命」。

要相信自己的能力，學會在各種活動中自我提示：我並非弱者，我並不比別人差，別人能做到的我經過努力也能做到。認準了的事就要堅持做下去，爭取成功；不斷的成功又能使你不斷地看到自己的力量，變自卑為自信。雖說並非人人都能獲得成功，但只要樹立必勝的信念，經過矢志不渝的努力，成功就會向我們露出笑臉。

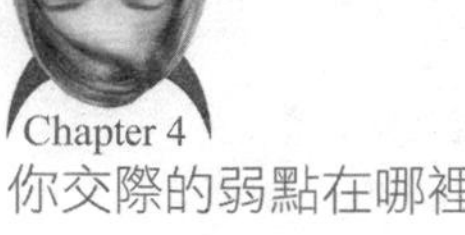

做自己情緒的主人

許多人都懂得要做情緒的主人這個道理，但遇到具體問題就總是知難而退：「控制情緒實在太難了。」言下之意就是：「我是無法控制情緒的。」別小看這些自我否定的話，這是一種嚴重的不良暗示，它真的可以毀滅你的意志，使你喪失戰勝自我的決心。還有的人習慣於抱怨生活：「沒有人比我更倒霉了，生活對我太不公平。」抱怨聲中他得到了片刻的安慰和解脫，「這個問題怪生活而不怪我。」結果卻因小失大，讓自己無形中忽略了主宰生活的職責。所以要改變一下對身處逆境的態度，用開放性的語氣對自己堅定地說：「我一定能走出情緒的低谷，現在就讓我來試一試！」這樣你的自主性就會被啟動，沿著它走下去就是一番嶄新的天地，你會成為自己情緒的主人。

輸入自我控制的意識是開始駕馭自己的關鍵一步。曾經有個學生，不會控制自己的情緒，常常和同學爭吵，老師批評他沒有涵養，他還不服氣，甚至和老師爭執，老師沒有動怒而是拿出相關書籍逐字逐句解釋給他聽，並列舉了身邊大量的例子，他嘴上沒說卻早已心悅誠服。從此他有了自我控制的意識，經常提醒自己，主動調整情緒，自覺注意自己的言行。就在這種潛移默化中他擁有了健康而成熟的情緒狀態。

其實，調整控制情緒並沒有你想像的那麼難，只要掌握一些正確的方法，就可以很好地駕馭自己。在眾多調整情緒的方法中，你可以先學一下「情緒轉移法」，即暫時避開不良刺激，把注意力、精力和興趣投入到另一項活動中去，以減輕不良情緒對自己的衝擊。一個高考落榜的女孩，看到同學接到錄取通知書時深感失落，但她沒有讓自己沉浸在這種不良情緒中，而是幽默地告別好友：「我要去避難了。」然後出門旅遊去了。風景如畫的大自然深深地吸引了她，遼闊的海洋盪去了她心中的鬱積，情緒平穩了，心胸開闊了，她又以良好的心態走進生活，面對現實。

可以轉移情緒的活動很多，你最好還是根據自己的興趣愛好以及外界事物對你的吸引力來選擇，如各種藝文活動、與親朋好友傾談、閱讀書籍、練習琴棋書畫等等。總之，將情緒轉移到這些事情上來，儘量避免不良情緒的強烈撞擊，減少心理創傷，會有利於情緒的及時穩定。

情緒的轉移關鍵是要主動及時。不要讓自己在消極情緒中沉溺太久，立刻行動起來，你會發現自己完全可以戰勝情緒，也唯有你可以擔此重任。

Chapter 5

把握你的交友原則

如果你是《桃花源記》中的漁人，偶然進入到一個人間仙境似的世外桃源。這裡沒有世俗的喧囂，沒有世俗的煩惱，這時你第一眼注意到的會是什麼呢？

A．和藹慈祥的老人

B．在家門口嬉戲的小孩

C．正在交換物品的人群

D．在河邊洗衣的少女

選擇A：交朋友對於你來說，是十分順其自然的事。你從來不強求，也不會主動地想和哪一種類型的人在一起，更不會趨炎附勢交一些和自己生活理念不同的有錢人，你追求自然、隨緣的交友原則。

選擇B：對於交朋友，你不太關心，你是個個性孤僻，不理會他人的閒事，也不希望他人介入自己的生活。因此，你的朋友很少，時間長了，會閉塞心靈。建議你試著向他人敞開心扉。

選擇C：天下到處都有你的朋友，你從不在意有多少可以交心的知己，你一直在努力使自己成為一個交友廣闊的人，你覺得不同的朋友可以為自己帶來不同的視野和生命的契機，但要學會謹慎，小心上當受騙。

選擇D：對於交朋友你是有選擇性的，可是你選擇朋友完全依靠感覺，如果是自己看上眼的人，就會想法接近對方，可如果是自己不喜歡的人，你連看也不看。因此，你的朋友面很小，但友誼很深。

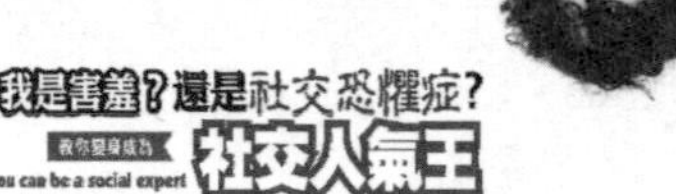

學會欣賞別人的優點

有一次，卡內基先生去紐約一家郵局寄信，發現那位管掛號信的職員對自己的工作很不耐煩，便下決心使他快樂起來。於是，他開始尋找這位職員值得欣賞的地方。輪到卡內基寄信時，他雙眼注視著那位職員，很誠懇地對他說：「你的頭髮太漂亮了。」那位職員抬起頭來，驚訝地看著卡內基，臉上出現一絲快樂的微笑。於是他開始和卡內基愉快地交談起來。

走出郵局後，有人問卡內基為什麼那樣做。卡內基說：「什麼也不為。如果我們只想從別人那裡得到什麼，而不願為別人付出一句讚美，給別人帶來一點快樂，那就無法讓別人感到我們的真誠。如果一定要說我想得到什麼的話，那就是一種無價的東西，一種永遠給我帶來滿足感的東西。」

美國總統柯立芝性格沉穩，不愛多說話，更從不輕易讚美別人。但有一次卻出現例外。他對身邊的女祕書說道：「妳今天穿的衣服太漂亮了，妳看起來又年輕又美麗。」此話一出，女祕書的臉立即紅了起來，但她還是非常高興地說了聲「謝謝」。從此以後，女祕書對工作更加努力和出色。這不正是讚美的力量嗎？

一位作家曾經說過：「世上本沒有好人與壞人之分，好人也有人說他壞，壞人也有人說他好。」的確，好人有優點也有缺點，而壞人也有值得讚美的地方，人人都有值得稱道的地方，只要你真心地想去讚美別人。

敞開友誼之門

有位哲學家曾說，敞開友誼之門，朋友在快樂的大道上等你。在現代社會，人際關係越來越趨於建立在各自利益的基礎上，而那種互相勉勵、互相幫助、患難與共的兄弟般情誼已日漸稀少。這或許正是現代人生活十分富有而卻同時十分孤獨的原因所在吧！

有一位在外商公司工作的專業經理人談到友誼時曾說：「我真希望為自己找一個知心朋友，我有不少生意場上的朋友，但無一是可稱得上知己的，我感到十分孤單。偶爾心血來潮，毫無緣由地打電話，結果僅僅是問個好，談天說地的事從來沒有過——根本就沒有這樣的對象。沒有朋友，沒有友誼，結果陷在孤單的漩渦中。」這真是現代人的悲哀！

敞開友誼之門吧，很多時候，我們抱怨孤獨，抱怨沒有真正的朋友。其實，是我們自己先把自我封閉在一個狹窄的世界裡了，假如你不先伸出友誼的手，卻希望人家來握你的手，何異於「在沙漠裡抓魚」呢？敞開你的心扉，主動結交一些真正的朋友。

當你孤獨時，當你煩惱時，不妨打個電話給朋友，不妨邀朋友一塊散散步，或是共進晚餐，或是親自去看望一下久違的朋友……做完這一切後，或許你會突然發現：有個朋友真好！和別人不能說的話，和朋友卻可以說；有了困難，還是朋友鼎力相助；自己臥病在床，是朋友手捧鮮花前來探望……友誼使我們領略到了生命的意義。

把握好人脈

在一個人追求快速成長的過程中，人際關係幾乎占了六〇%的重要性。你的人際關係越多，認識的人的層次越高，你成長的速度就越快，賺錢的機率也就越大，幸福快樂的指數就越高。

假如你有最好的能力，最好的產品，可是你卻不認識一個人，你覺得你會賺錢嗎？大部分人的收入不夠高的主要原因在於人際關係不夠多。所以，你的現實收入和理想收入的差別就在於人脈的差別。

你必須隨時隨地地去建立人際關係，建立你的人際關係網。其實每一個人每一天都有這樣的機會，但大部分人都不會注意到這一點，白白地流失掉很多好機會。

假如你能從現在起就開始重視你所遇見的每一個人，相信好事一定會發生

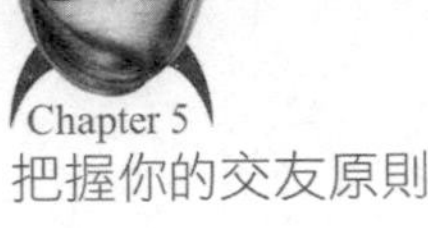

在你身上。

假如有一個人有著雄厚的經濟實力、優良的產品與先進的技術與方法，他想迅速擴張自己，他現在要做的第一件事是什麼呢?就是交朋友，建立人際關係。

身體的血脈不通會導致疾病，社會上的人脈不通卻會導致失敗。

假如你從小到大認識的每一個人，都跟你保持著良好的關係，你現在一定是個不平凡的人物，你做任何事業一定會順順利利的。因為你的成長速度決定於你認識多少人和多少人認識你。

你必須相信，處處都是寶地，時時都是良機，人人都是貴人。

隨時隨地重視你所能遇到的每一個人，主動加入每一個團體去介紹你自己，幫助別人達到他的目的。

常常與每一個人保持密切的聯繫，主動地與他交談、關心他，日積月累，大量的人際關係會回饋給你大量的財富。畢竟，別人的成長需要你的幫助，你的成長需要別人的指點。

留意心理投射作用

在認識和評價別人的時候，我們常常免不了要受自身特點的影響，我們總會不由自主地以自己的想法去推測別人的想法，覺得既然我們都這麼想，別人肯定也這麼想。中國有句俗語「以小人之心，度君子之腹」講的就是這種情況。

用心理學的術語說，這叫投射作用，也就是說，人們總是喜歡假設別人與自己有某些相同的傾向，喜歡認為自己具有的某些特點別人也具有。例如，貪婪的人，總是認為別人也都嗜錢如命；自己喜歡說謊，就認為別人也總是在騙自己；自己自我感覺良好，就認為別人也都認為自己很出色……，一般而言，我們以己之心度人之腹容易在以下兩種情況下發生：

第一，對方的年齡、職業、社會地位、身份、性別等等與自己相同。人們總是相信「物以類聚，人以群分」，認為同一個群體的人總是具有某些共同的特徵，因此，在認識和評價與自己同屬一個群體人的時候，人們往往不是實事求是地根據自己觀察所得到的訊息來判斷，而是想當然地把自己的特性投射到別人身上；另外，人們總是喜歡評價與自己有某些相同特徵的人，總是習慣於與這些人進行比較，並且，人們不希望在比較中自己總是落敗，處於不利之地，而投射作用在此正好發揮了一個保護作用，把自己的特點投射到別人身上，自己和別人就都一樣了，沒有什麼區別，自己不錯，別人也差不多。

第二，當人們發現自己有某些不好特徵的時候，為了尋求心理平衡，就會把自己所不能接受的性格特徵投射到別人身上，認為別人也具有這些惡習或觀念。成語「五十步笑百步」就是這樣的一個例子，自己因為臨陣逃脫而覺得難堪，心理上很不舒服，突然發現別人比自己逃得更遠，便大肆嘲笑，以減輕自己心裡的不安。這時候，投射作用也是一種自我保護措施，這樣做可以保證個人心靈的安寧，但往往影響自己對人和事的正確判斷。在這時，人們更喜歡把自己所具有的那些不好的特徵投射到自己尊敬的人或者比自己強得多的人身上，這樣一來，心裡的不安就會大減，因為名人尚且不可避免地具有這些特徵呢，

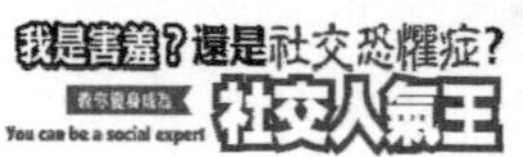

何況我一個無名小卒？

人都是有七情六慾的，人總是有一些共同的需要，而同處於一個社會，具有相同的身份地位、生活經歷的人則具有更多的共性，因此，投射作用在很多時候都還是比較準確的。但是不要忘了，「人心不同，各如其面」，人與人畢竟是不同的。不考慮個體差異，胡亂地投射一番，就會出現錯誤，給你增添不必要的麻煩。

從觀察中瞭解他人

觀察是一種有目的、有計劃、有步驟的知覺。它是透過眼睛看、耳朵聽、鼻子聞、嘴巴嚐、手摸等去有目的地認識周圍事物的心理過程。在這當中，視覺發揮著重要的作用，有九〇%的外界訊息是透過視覺這個管道進入人腦的。因此，也可以把「觀察」理解為「觀看」與「考察」。

人的觀察能力是可以培養的，那麼如何培養自己的觀察能力呢？

第一，要有明確的觀察任務。在確定任務的時候，可以把總任務分解為一系列細小的和逐步解決的任務。這樣可以避免知覺的偶然性和自發性，提高觀察的積極主動性。

第二，觀察的成功與否主要依賴是否具備一定的知識、經驗和技能。俗話說：「誰知道的最多，誰就看得最多。」一位富有學識的考古學家，能夠在一

片殘缺不全的烏龜殼（甲骨）上，發現不少重要而有趣的東西，而一個門外漢，卻一無所得。

第三，觀察應當有順序、有系統地進行，這樣才能看到事物各個部分之間的聯繫，而不至於遺漏某些重要的特徵。

第四，要設法使更多的感覺器官參與認識事物的活動。這樣一來，不僅可以獲得對於事物各方面的感性知識，而且所得到的印象也是深刻的。

第五，觀察時應當做好記錄。這不僅對於收集和整理所觀察到的事實十分必要和有益，而且也是促進準確觀察的重要方法。

我們生活的空間中，每天都需要與人進行交流，掌握準確地觀察人的方法，使你進一步把握好人際交往中的微妙關係，你就可以在芸芸眾生中脫穎而出，成為人際交往中的焦點人物。

遠離壞習慣

一、與人交談時不注意自己說話的語氣，經常以不悅或對立的語氣說話。

二、應該保持沉默的時候偏偏愛說話。

三、打斷別人的話。

四、濫用人稱代名詞，以及在每個句子中都用「我」這個詞。

五、以傲慢的態度向下屬提出問題，給人一種只有他最重要的印象。

六、在談話中插入一些和自己有密切關係，但卻會使別人感到不好意思的話題。

七、自吹自擂。

八、在電話中談一些別人不想聽的無聊話題。

九、不管自己是否瞭解，而任意對任何事情發表意見。

十、公然質問他人意見的可靠性。

十一、以傲慢的態度拒絕他人的要求。

十二、對與自己意見不同的人橫加指責。

十三、評論下屬的無能。

十四、請求別人幫忙被拒絕後心生抱怨。

十五、與人交談措詞不敬或具有攻擊性。

這些缺點意味著你缺乏感受和細心體諒的能力，並且很容易給別人留下不好的印象。因此在與人交往中，要想受到別人的尊重和喜歡，請你先遠離這些不良習慣。

不隨意開玩笑

適當的玩笑可以調節人的情緒，但開玩笑要有限度，要因人、因時、因地而定，否則會造成相反或否定的效果。

一、開玩笑要看對象

人的性格各不相同，有的人內向，有的人外向，有的人活潑開朗，有的人沉默寡言，有的人豁達大度，有的人則生性多疑……，對於不同性格的人開玩笑要掌握「度」，做到因人而異。對於性格開朗、寬容大度的人多開一點可能無妨，但對於內向或多疑的人則可能不然。同樣的玩笑對有的人可以開，對有的人則不能；對男性可以開，對女性則不能開；對年輕人可開，對老年人則不能開。總之開玩笑要讓對方感到輕鬆、愉快，不要造成傷感情與自尊的效果。

二、開玩笑要分說話的時間、情緒

在對方高興的時候，多開一點玩笑是可以的。如果別人情緒比較低落或在生活中遇到不幸和煩惱，這個時候去打趣取笑，就不合時宜了，他們這時常常需要的是安慰。弄不好別人會產生你是幸災樂禍的誤解，甚至會產生矛盾，造成不愉快的後果。

三、開玩笑要看場合

在別人專心致志地學習和工作時，開玩笑是不合適的，可能會分散別人的注意力，影響別人的學習和工作。在一些嚴肅、緊張的氣氛中，公共場合和大庭廣眾下，一般也不宜開玩笑。

四、要注意開玩笑的內容

開玩笑一定要內容健康、情調高雅，切忌拿別人的生理缺陷開玩笑，把自己的快樂建立在別人的痛苦之上。忌開低級庸俗、無恥下流的玩笑，不要捕風捉影、以假亂真。要以使大家在玩笑中得到教育和放鬆，得到陶冶為準。

避免壞習慣的養成

具有專業人士應有的幹練形象，是獲得事業成功的必備條件，然而不少人卻忽略了對於習慣的要求。拙劣的表現只會破壞你的形象，生活中要注意避免以下不良習慣的形成：

一、對於時間觀念的懈怠

這種毛病通常都是不自覺的，但顯示了除自己以外任何人任何事都沒被放在眼裡。解決方法：尊重時間即尊重他人。

二、不善於做自我批評

辯解會使你和主管之間產生裂痕，其潛意識中的台詞是：「不要隨便惹我！」解決辦法：對自己的行為負責，儘量不要找藉口。

三、做事拖拖拉拉，毫無章法

這類人多害怕承擔風險，工作久了，早已將工作當成例行公事。解決辦法：將較重要的工作分成幾部分進行。做事沒有章法會讓人覺得你做事不專心，顯得缺乏組織能力。解決辦法：隨身攜帶記事本，記下重要人物、聯繫電話和事件。

四、性格不夠成熟，容易被情緒左右以致分心

「你知道嗎」及「那又如何」的話語，言行舉止不莊重、猶豫，足以毀掉你的專業形象和可信度。解決辦法：多多學習，使自己儘快成熟起來。注意力經常轉移，完全忘記事情該有的前後次序和輕重緩急。解決辦法：處理事務前做出妥善計劃。

學會拒絕別人

與人交往中，在面對他人的請求時，人們往往顧及相互的情面而不便拒絕，從而使自己左右為難。其實，這樣不僅不會對雙方有利，而且會使大家更不和睦。如果想使自己不為難，而又不傷害雙方感情，以下兩點可供參考：

一、據實言明

拒絕別人時，若彼此還要想保持良好的人際關係，必須採用同情的語調和瞭解對方心情的姿態來處理。

有些人在拒絕對方時，因為感到不好意思，而不敢據實言明，致使對方摸不清自己的真正意思，而產生許多不必要的誤會。其實，在人際交往中，不得不拒絕，乃是常有的事，因此搞壞交情的並不多；倒是有些人說話語意曖昧、模稜兩可，反而容易引起對方誤會，甚至導致彼此關係破裂。

在你拒絕別人的時候，一定要附帶考慮到對方可能產生的想法，儘量明快而率直地說明實情，這才是恰當的拒絕法。

二、留給對方一個退路

有些人喜歡自以為是，堅持自己的意見，總以為只有自己的想法是最高明的。當你遇到這種人，想要拒絕時，一定要先好好考慮一番。

你必須自始至終，很有耐心地把對方的話仔細地聽過一遍。一個人在說話的時候，心裡一定也留有一個空間來容納對方所講的話，當你完全聽完對方的話後，心裡應該就有了打算，知道如何說服對方、拒絕對方，才最巧妙而又不使對方難堪。

從容面對指責

在生活中，遭到別人的指責和抱怨的事常可碰到。遭人指責抱怨，是件極不愉快的事，有時會使人覺得很尷尬，尤其是在大庭廣眾下受到指責，更是不堪忍受。但若從提高一個人的處世修養角度而言，無論你遇到哪種情況的指責，都應該從容不迫，對者有則改之，錯者加以耐心解釋，泰然處之。為擺脫指責的尷尬局面，不妨採納心理學家提出的以下建議：

一、保持冷靜

被人指責總是不愉快的，但面對使你十分難堪的指責時，要保持冷靜，最好暫時能忍耐住，並做出樂於傾聽的表示，不管你是否贊同，都要等聽完後再作分辯。

二、讓對方亮明觀點

有些指責者在指責別人時，往往似是而非，含糊其詞，結果使人不知所云。這時，你可向對方提出講清問題的要求，態度要和氣。

三、消除對方的怒氣

受到指責，特別是在你確實有責任時，你不妨認真傾聽或表示同意對方對你的看法，不要計較對方的態度好壞，這樣，對方指責完畢，氣也消了一半。

四、平靜地給惡意中傷者予以回擊

也許，大多數指責者並不是出於惡意而指責別人的。但是，在現實生活中，確有極少數人為了其個人目的而對他人進行惡意中傷。對於這樣的尋釁挑戰者，應該堅定地表示自己的態度，不能遷就忍耐，更不能寬容而不予回擊，但應注意態度，以柔克剛。這樣，會使你顯得更有氣魄，更有力量。

與朋友保持適當距離

與朋友適當保持距離，友誼便更進一步。

交友的過程往往是一個彼此氣質相互吸引的過程，因為你們有共同的「東西」，所以短時間內就可越過鴻溝而成了好朋友，甚至「一見如故，相見恨晚」。這個現象無論是異性或同性都一樣。

但再怎麼相互吸引，雙方還是有些差異的，因為彼此來自不同的環境，受不同的教育，因此人生觀、價值觀再怎麼接近，也不可能完全相同。當兩人的「蜜月期」一過，便無可避免地要碰觸彼此的差異，於是從尊重對方開始變成容忍對方，到最後試圖改變對方。當要求不能如願，便開始背後的挑剔、批評，甚至結束友誼。

德國哲學家叔本華曾經對人和人的關係有過精采的描述，他說人和人之間

就像是一群寒夜裡的豪豬，因為太寒冷想要靠在一起取暖，但是距離太近了又會被彼此身上的利刺扎痛，所以總是處在兩難的境地，試圖找到最合適的距離。人就是這樣奇怪：未得到時，總想得到；未靠近時總想貼在一起；真正得到和靠近了卻又太過苛求。

人總在無意中傷害著他們自己。很奇妙的是，好朋友的感情和夫妻的感情很類似，一件小事也有可能造成感情的破裂；所以，如果有了「好朋友」，與其因太接近而彼此傷害，不如「保持距離」，以免碰撞！

有些人自以為朋友和自己親密無間，說什麼他都不會計較，便常在朋友面前訴說對他的不滿。如果這位朋友心懷寬廣，知道你的良好用意還好，但如果他不像你想像的那麼大度，則很有可能記恨在心，甚至找機會報復你。

因此，與朋友適當保持一點距離，讓彼此都有屬於自己的自由空間，你們的友誼便會更進一步。

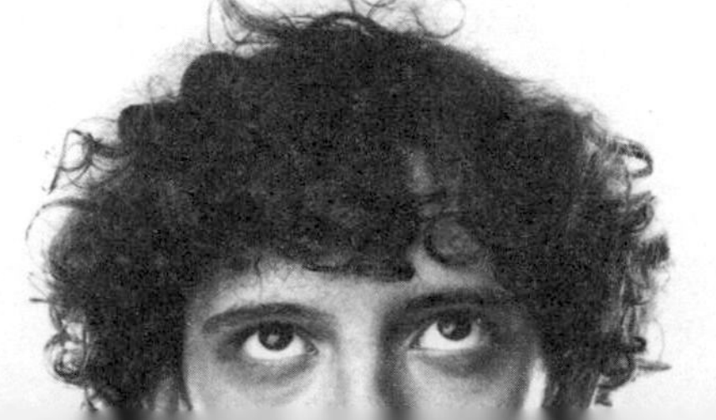

Chapter 6 你留給別人的第一印象是什麼

如果你現在有以下五個祕密，你最不希望讓情人知道你哪一個祕密？

A · 你以前的情史

B · 你得了癌症

C · 你是變性人

D · 你有億萬財富

E · 你有特殊癖好

選擇A：你給人留下的第一印象——你是這個世界上的好人。你自身條件非常優越，而且，你有完美主義的傾向，你希望自己在別人面前是非常完美，也是無懈可擊的。

選擇B：你給人留下的第一印象——古怪。在別人的印象裡，你具有典型的音樂家氣質，難以捉摸，別人常常搞不懂你到底在想些什麼，的確，事實是在你跟別人相處的時候，會讓別人覺得你很有距離感。

選擇C：你給人留下的第一印象——花癡、色胚。你的言行舉止都讓人覺得你在放電騷擾他人。當然，這種類型的人自信心特別強，對自己的魅力相當自信，因此會放電吸引人，而且也樂於被別人吸引。

選擇D：你給人留下的第一印象——嚴謹古板。你屬於那種比較古板的人，是典型的朝九晚五、上下班刷卡的公務人員。你的生活非常嚴謹，極富規律，一般而言，你不會輕易改變你生活的規律。

選擇E：你給別人留下的第一印象是——你是路人甲，意思就是在人群中你極不起眼，絲毫沒有自己的特色，很難吸引他人的注意。其實，你自己倒挺樂意自己的這種狀況，不受拘束，自由自在。

塑造一個完美的個人形象

形象就個人來說，它標誌著一個人的文化素質；就一個國家和民族來說，它標誌著這個國家和民族發展的水準。個人形象不僅是個人行為，它直接與企業和公司的形象息息相關，緊密相連。甚至直接關係到公司乃至國家的形象和聲譽。反過來，也就直接關係到個人的前程和命運。

有專家指出，形象是當今社會的核心概念之一。形象可以影響職業，形象可以影響婚姻，形象可以影響人際關係，形象可以影響人的一生——形象可以決定發展，形象直接涉及效益，形象的好壞可以決定財富的多少……。

在這個形象導向和形象競爭的時代裡，形象既是你個人能力的廣告，也是你的品味的標誌。在商場如戰場的現代社會中，如何透過整體的形象規劃，突顯自己的獨特魅力，並藉此創造成功契機，提升自身價值，已經成為現代人們所關心的焦點。

有人常說性格決定命運，但性格的外化似乎也包含在形象的認同之中，除了性格中是否努力等主觀因素，透過形象來發揮作用。所以形象的認同是一個很廣泛的內容，也更難，因為這是別人的事，我們究竟要如何才能施加正確的影響，是大學問，非常之重要。無論是做為主管還是向上進取的人，形象確實能決定別人對你的態度，對本身的發展也可發揮到推動或阻礙作用。

專家指出，假如一個人在三十歲之前，仍然沒有形成獨特的個人形象，前途一般不會太好，至少是不成熟的表現。因此，要經營好自己的人生，一定要根據自己職業的性質和特點，塑造一個完美的個人形象。

形象是一張名片

在人際交往中，一個人的外在形象、精神面貌、身體姿態和行為方式會在別人心目中形成相應的印象，而且人們的印象往往是先入為主的。

形象已成為當今社會的核心概念之一，人們對形象的依賴已經成為了一種生存狀態。《你的形象價值百萬》的作者，著名形象設計師英格麗·張認為，形象並不是一個簡單的穿衣、外表、長相、髮型、化妝的組合概念，而是一個綜合的全面素質，一個外表與內在結合的，在流動中留下的印象。可見形象並不是簡單的漂亮的臉蛋、窈窕的身材、迷人的微笑或瀟灑的舉止。而是包括你在自我思想、追求抱負、個人價值和人生觀等方面，與社會進行溝通並為之接受的方法等。

形象通常分為外在形象和內在形象兩種。外在形象是相貌、衣著等這樣一些外在特徵。它是人們根據自己的職業和地位等社會特徵來進行開發、定位，然後展現給別人看的。

出席一個重要會議該穿什麼顏色的衣服？配哪種襯衣和領帶？還有褲子和鞋子的搭配是否協調？噴灑哪種牌子的香水？你是否對上面的這些生活細節不屑一顧？如果是這樣，你就錯了。你應該意識到，外在形象在一個人的人生旅途中扮演著不可忽視的角色。

內在形象是不能僅靠看一眼外表就能讓人認識到的，它是一種精神表現。我們來想像一下從未見過面的歷史人物的形象。譬如，一提到天才音樂家你馬上就想到貝多芬，而貝多芬的相貌特徵、衣著打扮你並不知道。內在形象就是那些天才的或超群的特徵部分會轉變成記憶留在別人的腦海中，這些特徵是與擁有它們的人緊密聯繫給人留下深刻印象，這就是內在形象。

美國一位高級禮儀顧問威廉・索爾比說：當你走進一個房間，即使房間裡沒人認識你，或者只是跟你有一面之緣，他們卻可以從你的外表對你做出以下幾個方面的推斷：經濟水準、受教育程度、可信任程度、社會地位、個人品行、成熟度、家庭教養情況、是否是成功人士。

其實，這裡既涵蓋了外在形象的概念，也包括內在形象的判斷。良好的形象不僅能夠提升個人品牌價值，而且還能提高自己的信心。形象的影響無所不在，對於面試的人，它影響著你是否能面試成功，贏得職位；對於同事它影響著你們是否合作愉快；對於客戶，它影響著你的財路是否暢通。正因為如此，你才要塑造好自己的形象。

良好的形象決不僅僅在於外包裝，它是每個人言談、表情、動作、語音、氣質、風度、品味等綜合因素的表現，只有平時注重自身知識積累、能力積蓄、修養提高、著裝得體、談吐文雅，才能做到卓爾不群。

你是否以為你所欣賞的魅力男人或者魅力女人是與生俱來的？你是否正在為自己沒有好的形象而悶悶不樂？事實上，那些魅力男人或者魅力女人都是透過後天學習才逐漸完善的，每個人都有著不同程度的潛在魅力，每個人都是一個有待開發的魅力寶庫。每個人都可以塑造出光彩耀人的形象。

形象就是機會

當你穿得邋邋遢遢時，人們注意的是你的衣服；當你穿得無懈可擊時，人們注意的是你。

城市形象就是生產力，就是競爭力，就是文化力；企業形象是企業的招牌，企業的信譽，企業的商機；人的形象是名片，是品牌，是機會。

一個人如果希望得到別人的關注、欣賞和認可，就要學會塑造自己的形象。良好的外在形象不僅帶給人自信，更帶給人機會。據《魅力》雜誌的一項調查：七十九%的女性在約會時非常注重自己的穿著，只有五十二%的女性上班時也同樣注重穿著。理想的結果應該是百分之百的女性上班更注重穿著。

在你遞出名片之前，其實你的外表已經表明了你對自己的評價，因為莎士比亞早就說過：「外表顯示一個人的內涵。」人們總是欣賞那些看上去優雅、

大方、有風度的人，這種形象給人有能力、可信賴、高素質的印象，這也是人人努力追求的印象。

一個夏天的午後，一位穿著汗衫、滿身汗味的年長農夫，來到汽車展示中心。他剛進門，笑容可掬的前台小姐便很客氣地問：「您好，我能為您做什麼嗎？」

農夫有點尷尬地說：「不用不用，外面太熱了，我只是路過這兒，想進來吹吹冷氣，馬上就走了。」

前台小姐聽完後仍然笑容可掬，並親切地說：「您一定熱壞了吧，我給您倒杯冷水吧。」接著引領農夫坐在沙發上休息。

喝完冰涼的水，農夫感覺涼快很多，就隨便走走，正好走到展示中心的一輛新車前，在那裡打量那輛車。這時，前台小姐走到他的身邊說：「這款車很不錯，我幫您介紹一下好嗎？」

「不用了！」農夫很窘迫的樣子，連忙說：「妳別誤會，我是莊稼漢，可沒錢買車。」

前台小姐笑著說：「您不買也沒關係，有機會您可以幫我們介紹其他客戶啊！」

隨後她耐心地把新車的性能介紹給農夫。農夫聽完後，從口袋裡拿出一張皺巴巴的白紙，交給這位前台小姐，說：「這上面記著我要訂的車型和數量，請妳幫我處理一下吧。」

前台小姐當時有些驚訝，接過來一看，這位農夫要訂八輛貨車，很熱心地說：「您一下訂這麼多車，現在我們經理不在，我必須找他來和您談，同時也要安排您先試車……」

「你就不用找經理了，我信任妳。最近我走了幾家，每當我穿著這樣的舊汗衫走進汽車銷售部時，都會受到冷落，而只有你們公司與眾不同，我從妳的形象上信任你們的公司。妳不知道我要買車，還那麼熱情地接待我，為我服務，對於一個不是你們客戶的人尚且如此，那麼對你們的客戶會更好，不是嗎？」

這個故事可以看出，一個企業的形象就是商機，而一個人的形象也是發展的機會，所以你重新塑造自己的形象是非常必要的。

塑造你的形象

我們的時代是一個迷戀青春、健康以及身體之美的時代，電視與電影這兩個統治性的媒體反覆地暗示柔軟優雅的身體、極具魅力的臉上帶酒窩的笑，是通向幸福的鑰匙，或許甚至是幸福的本質。

你是否在羨慕別人的完美形象？你是否對自己的形象沒有信心？你是否有些顧影自憐？其實形象是可以訓練的，你擁有豐富的形象資源有待開發。你的形象資源主要是容貌、魅力、風度、氣質、化妝、服飾等直觀的、包括天生的外觀感覺的東西，你要善於開發和利用這種資源。

但開發和利用不是短時間就可以完成的，需要日積月累。

許多具有世界性影響力的企業家都是經過長時期的開發、修練、設計、包裝、塑造才形成光彩奪目的形象的。

你一定要相信：你完全能夠塑造自己的完美形象！

一個人的面孔通常會比他的舌頭說出更多有趣的事，因為面孔是他所說一切的概要，是他思想和志向的縮寫，舌頭只能表達一個人的思想，而面孔卻能表達他的本性。

塑造形象的行業正在美國蓬勃發展。你隨便翻開紐約的電話簿一看就會發現，以「形象」一詞為首的商號非常之多，什麼形象裝配、形象諮詢、形象顧問和形象培訓等等。十多年來，這個行業的確把不少個人引上成功階梯的最高點，為什麼形象培訓如此走俏呢？

那麼，在競爭激烈的職場，你的形象具有競爭力嗎？你能把握住形象的細節嗎？身在職場的你，一方面要內涵深刻，一方面要光彩照人。

形象可以透過學習和訓練來加以塑造，艾斯蒂．勞達就是透過學習和訓練使自己具有良好形象的。

艾斯蒂．勞達是世界化妝品王國中的皇后。她擁有幾十億美元的化妝品王國。這些成就足以讓人羨慕了。而艾斯蒂．勞達光芒四射的形象、不可抵擋的

魅力、高貴的氣質、優雅的談吐，也令人傾慕不已。而這些都來自於她的自我塑造。艾斯蒂．勞達出身貧寒，沒有受過多少教育。最初她只是一個普普通通的銷售員，主要推銷叔叔所製作的護膚品。她為了推銷產品走街串巷，感到很辛苦，於是讓叔叔開發高級品的產品。她就開始向那些貴婦人們推銷這類高級產品。可是並沒有效果，她就想弄清楚她們不買產品的真實原因。

一次，一個客戶又拒絕了她，她這次鼓起勇氣問：「請問，您能告訴我為什麼拒絕購買我們的產品嗎？是我的推銷技巧有什麼問題嗎？」

拒絕她的客戶坦誠卻有些刻薄地告訴她：「不是推銷技巧的問題，是你本身的問題。你給人感覺就是一個低層次的人，讓我怎麼相信你的產品是高級品的呢？」艾斯蒂．勞達有一種受污辱的感覺，但她卻知道了問題所在：那就是產品的高級品還在於推銷人的水準。於是她下定決心對自己的形象進行重新塑造。她開始模仿富貴名門和上層女性的穿著打扮，模仿她們的言談舉止。她還認識到內在形象的重要意義，於是，她對自己的塑造便不僅僅侷限於外表，而更注重內心的塑造，即加強對自己自信心的培育和知識素養的提升。

經過一段時間的訓練，艾斯蒂．勞達終於成為內涵豐富而舉止優雅的女士。於是，艾斯蒂．勞達開始出入上流社會，向貴婦們推銷產品，而且取得了非常大的成就。

事實上，所有具有魅力形象的大企業家、行業領袖和政治家等，他們的言行舉止都是經過訓練和塑造的。

一位英國企業家坦言：「如果你認識昨天的我，那麼你就會說今天的我與昨天簡直判若兩人。是啊，這並不奇怪，因為我現在的舉手投足都經過了精心的設計和訓練。」

一位日本企業家說：「我在走向董事長職位之前，公司對我進行了精心的形象設計與培訓。因為我要代表一個企業，我必須拋棄原來大眾所不認同的形象，而以新的形象來任職。為此我不得不進行專門的訓練。」

所以你也要有信心重塑自己的形象，對自己走路的姿勢、說話的音調、坐姿、著裝與化妝等進行精心地設計和訓練。這樣，過不了多久，你也會散發出迷人的魅力，也會讓人三日不見，刮目相看。

成熟

成熟是一種氣質，一種境界。成熟的人會在社會的坐標系中找到自己的位置，能沉著應對人情的冷暖，紛繁的塵世，能泰然應對風雲的變幻。成熟的人是從從容容做事，平平淡淡生活，成熟是一種豐滿圓潤的狀態，是一個人智慧的最高表現，是一種大度從容的氣魄。

一個人具備了以下特徵才是真正的成熟：

一、樹立自信，這是成熟的基礎

如果一個人不夠自信，他就無法獨立，也不能相信自己的認知能力、判斷能力和思維能力。有自信，遇到困難時才能當機立斷。才能真正掌握自己的命運。

二、直面現實

直面現實包括直面自己及社會。很多年輕人就不能直面自己，特別是直面自己的弱點。而成熟的人才會直面自己的缺陷。

三、關心時政

成熟的人會關心周圍時政，閱讀報章看新聞以瞭解社會大事，這是真正的與時俱進。

四、見解獨立

成熟的人有自己的獨立見解，不會輕易接受既定的事實，雖然追求理智的、永久的生活原則，但卻不輕易接受那些由習慣、偏見、等所形成的生活原則。他們不盲從，而且對自我嚴格要求。

要把自己塑造成穩重、智慧、知識、負責的真正成熟的人，就要注意以下要點：

五、自我剖析

重視自己的儀表，充實自己的內在，提高自己的素養。

六、把握分寸

言談舉止都要保持風度，處世要恰如其分。隨時檢點自己，在各種場合下都能很好地把握分寸。

七、保持個性

對自己有充分的自信心，有自己獨特的世界觀、價值觀、審美觀，不受周圍習慣勢力的影響。

八、積極應變

遇事冷靜，能夠隨機應變，在關鍵時刻能做出正確的決斷。

九、幹練果斷

旗幟鮮明，態度清晰，性格豪爽，要給人可信賴的感覺。

自己做主，不被他人左右，一般而言，經常被他人左右的人充滿恐懼和不安。這注定是一個失敗者，因為無法做自己的主人，就無法駕馭自己的命運。

如果一個人上了年紀才顯得老成，那麼他實際上白活了那麼多年。

所以你要從現在開始注意生活的點滴，做自己的主人，做一個成熟的自己，你才會有成功的魄力。

裝扮自己

雖然這是一個標榜個性的時代，人們在穿著上有著更大的自由度，但一些約定俗成的穿著規則仍是需要遵守的。一旦破壞了這些規則，有可能導致你談判的失利。

在一次「得體的著裝能給你帶來什麼？」的調查中，有五十五％的參與者認為可以為個人展示良好的形象，有二十六％的參與者認為得體的著裝可以增加親和力，有十二％的參與者認為得體的著裝更容易得到主管青睞，還有可能晉升或加薪，有七％的參與者認為得體的著裝可以融洽人際關係。可見著裝得體會在不同程度上給人帶來積極的影響。所以學會得體著裝應該是一門必修課。那麼在哪些方面需要注意呢？

如果你是男士，在出席正式場合時，除頭和雙手外，應盡可能少露出肌膚，否則，容易給人輕浮粗俗的感覺，也不要穿緊身衣服，一位作家曾尖銳地指出：男式時裝史上最可悲的一頁是發明了緊身衣。

領帶繫得不宜過長也不宜過短，領帶過短壓不住襯衫，領帶過長則易左右晃盪，顯得不穩重。最好以領帶尖下垂觸及褲帶扣為宜，身材過高或過矮的男士，不妨定作適合自己的領帶，以防因領帶長短失當而貽笑大方。

不要刻意用香水，可以在洗衣服時用點香水，經陽光照射，變淡了的香氣更適合身份。鞋子雖是腳下物，卻最顯身價。要隨時保持鞋的亮度和光潔。不要在正式、隆重的場合穿著非黑色皮鞋，即使你把鞋擦拭得十分光潔，也會顯得你不懂體面和品味。

襪子更要有講究：除了穿西裝褲、運動褲，襪口不應暴露在外；襪子不可太大或太緊；不要穿發黃的襪子；在西裝革履的打扮中，襪子要薄型不透明的，顏色有兩種選擇，一是配合皮鞋，黑皮鞋配深色襪，白皮鞋一定要配白色襪；千萬不要買所有成分都是人造纖維的襪子，最好是羊毛、絲毛或純棉襪子。

無可否認，女性在商業界的地位越來越高，其工作時的服裝也越來越重要。

如果你是女性，那就一定要注意服裝整潔平整，服裝並非一定要高級華貴，但須保持清潔，並熨燙平整，穿起來就能大方得體。切忌過分暴露。許多女性不夠注重自己的身份，穿起頗為性感的服裝。這樣你的才能和智慧便會被埋沒，甚至還會被看成輕浮。

除了衣服之外，鞋襪手套等的搭配也要講究。襪子最好透明近似膚色或與服裝顏色協調，帶有大花紋的襪子是登不了大雅之堂的。正式、莊重的場合不宜穿涼鞋或靴子，最好穿黑色的皮鞋，因為黑色皮鞋是適用最廣的，它可以和任何服裝相配。女性在著裝方面必須要更具道德、審美、知識及行為的魅力，使服裝無形中為協調人際關係、提高工作效率，增加晉升機會，發揮到良好的作用。

安妮是一個公司職員，有著很好的學歷背景，是諮詢方面的專家，在公司裡表現一直不錯。但當她到客戶的公司提供服務時，對方主管卻不怎麼注重她的建議，她的才能得不到發揮。為什麼呢？是她的建議不夠好嗎？不是，她的建議很不錯。後來才知道，這位諮詢專家在著裝方面有明顯的欠缺：她二十九

歲，身高一百五十二公分、體重四十六公斤，看起來小巧玲瓏，她喜歡著可愛的衣服，像個小女孩，所以客戶對於她所提出的建議缺少安全感、信任感。

安妮的失敗，正是由於著裝與年齡、職業不相匹配造成的。可見著裝這些看來似乎只與自己有關的事情，其實都是你事業獲得成功的重要條件。

商人在談判時著裝十分講究。因為正式談判時，場合比較莊重，穿著也要有所講究。衣服要乾淨合適，符合禮儀。儘量避免穿奇裝異服，給對方造成不穩重的感覺。其實，一直以來，商界談判很注意對手的穿著打扮，要看對方的穿戴是什麼品牌，如果沒有一定水準，表示你沒有實力，因為人們往往根據這些來判斷對方的財力。所以在談判場合，不要穿過於低級的服裝。

一位企業家這樣說：「在商界，企業家最初的合作看什麼？其實很大的成分看衣著。」當然，著裝要做到迎合所有人的胃口是不可能的，即使像奧黛麗・赫本那樣集美貌與善良於一身的人，也不是所有人都喜歡的。重要的是，要根據自己的年齡、職位、地位、身份、氣質等來著裝打扮，才會收到更好的效果，才能在通往成功的道路上一路前行。

目光接觸方式

眼神裡的語言世界任何地方的人都能理解。眼睛所洩漏的訊息實在超乎我們的想像，每個人都是如此。

目光的接觸方式往往能透露出一個人的職位及職務。要分辨兩人中誰是老闆誰是屬下其實再簡單不過：屬下總是頻頻望著老闆，不時地點頭，同時態度顯得十分專注；而老闆則相反，較少看對方，常環顧四方，甚至低頭盯著桌上的文件。

當你主持會議時，你能輕易地運用目光來決定誰該發言，誰不該發言。只要你看著某人，加上點頭或露出關注的表情，便等於給了他發言權。

反之，缺乏目光接觸則情況極可能對你不利。當某人未曾回應你的注視，就表示你受到忽視，你是誰或你說什麼都無足輕重。

點頭是目光接觸的輔助動作，可藉此告訴說話者你在注意聆聽他的話，同時十分贊同他的看法。

有意或無意地，我們對某人的最初印象有大半是根據他或她的眼睛所傳達出來的訊息獲得的，因為我們在與人洽談中，有八〇%的時間是看著對方的眼睛。

在公共活動中，你要注意自己的目光投向，眼睛看著對方臉上的三角部分，這個三角以雙眼為底線，上頂角到前額。洽談業務時，如果你看著對方的這個部位，會顯得很嚴肅認真，別人會感到你有誠意。在交談過程中，你的目光如果始終落在這個三角部位，你就會把握談話的主動權和控制權。

在社交活動中，也是用眼睛看著對方的三角部位，這個三角是以兩眼為上線，嘴為下頂角，也就是雙眼和嘴之間，當你看著對方這個部位時，會營造出一種社交氣氛。

試試你目光的殺傷力吧，讓它幫你在交際中無往而不勝。

讓你的手富有表情

手應當像臉一樣富有表情。根據語言學家研究，人類語言產生於舊石器時代，首先出現的是手勢語言，然後出現口頭語言。手勢語言是借助手指伸屈或揮動手臂的不同姿勢動作，來表達一定思想。

古羅馬政治家西塞羅說過：「一切心理活動都伴有指手畫腳等動作。手勢恰如人體的一種語言，這種語言甚至連野蠻人都能理解。」

手勢是一種極其複雜的符號，包含著豐富的禮儀。在與對方交往中恰當地運用手勢來表達，能夠發揮到良好的溝通作用，也會使自己的形象更完美。

當然手勢的運用要合乎規範。

一、與客戶交談，手勢不宜單調重複，也不能做得過多、過大，要給人一種優雅、含蓄和彬彬有禮的感覺。

二、介紹他人，為客戶指示方向，請客戶做某事時，應掌心向上，手指自然併攏，以肘關節為軸指示目標，同時上身稍向前傾，以示敬重。

三、談到別人時，不要用手指他人，用手指他人的手勢是不禮貌的，含有教訓人的意味。

握手是手勢中比較常用的禮儀，也有一定的規則。一般而言，在社交場合，行握手禮有以下一些規則：

一、上級與下級之間，上級伸出手後，下級才能伸手相握。

二、長輩與晚輩之間，長輩伸出手後，晚輩才能伸手相握。

三、男士與女士之間，女士伸出手後，男士才能伸手相握。

四、握手的時間，握手的時間通常是三至五秒鐘。

五、握手時應該伸出右手，而不能伸出左手。

六、握手時，另一隻手不可以放在口袋裡。

掌握手勢的這些潛規則，在社交中你才不會出現尷尬局面。相反，你會贏得尊重，贏得客戶，贏得事業的勝利。

創造成功，從形象開始

一、恪守信用，立身之本

所謂「守信用原則」，就是說到一定要做到。這聽起來既簡單又合理，但是絕大部分人就是做不到。假如一個人兌現了他曾經許過的所有諾言，他一定會成為一位鶴立雞群般的傑出人物。

我們都遇到過不守信用的人，也為這樣的「食言」而痛心疾首。行失於言是一種極糟糕的形象，你一定要像避瘟疫一樣避免它。假如你想要創立一項長久而富效益的事業，你就必須準備長期與別人合作。你的產品，加上你執行守信用原則的能力，將決定著你能否在長期的經營中取得成功。如果你想要事業長盛不衰，你就必須塑造這樣的成功形象。

二、出色的工作為你的形象增添色彩

自然，塑造一個成功的形象的最好方法是，工作成績突出。你的傑出表現及其帶來的聲譽，將使人們知道你是多麼了不起。如同你看見一個網球運動員在球場上揮灑自如的身影，就認定他是個職業選手一樣，當人們看見你在所從事的領域裡的非凡表現時，他們也不會懷疑你的職業水準。

如果你的事業剛剛起步，或雖然經過幾年的發展，但仍然沒有達到理想的水準，你可運用「成功孕育新的成功」原則，你應該做的第一件事是：總要表現得忙忙碌碌，決不要讓你的顧客們知道，你的業務少得可憐；相反，要給他們留下你總是「日程全滿」的印象。

運用「成功孕育新的成功」原則，塑造成功形象的技巧是：有一副看上去很成功的外表。如果你的襯衫領已經磨破了，皮鞋髒兮兮，西服的翻領款式過時，領帶也不乾淨，那麼很顯然，你要麼不成功，買不起服裝；要麼就是個生活習慣骯髒不堪的人。有了這兩種形象中的任何一種，你無疑是個失敗者。

三、知之為知之，不知為不知

美國加州大學一位教授在公開課上提出他做老鼠所實驗的結果。此時有一位學生突然舉手發問，提出了他的看法，並問這位教授假如用另一種方法來做，實驗結果將會如何。會場的聽眾都看著這位教授，等著看他如何回答這個他根本就沒做過的實驗。結果這位教授卻不慌不忙，直截了當地說：「我沒做過這個實驗，我不知道。」

一般人都有不想讓別人看出自己弱點的心理，因此，很難開口說「不知道」。但有時承認不知道，反而可以增加別人對我們的信任。

因為直截了當地說「不知道」，會給人留下非常誠實的印象，並且敢說不知道，其勇氣也是別人所佩服的。因此對於這種人所說的話，別人會認為一定是千真萬確的才會說，因此對他也就會更加信任。

四、放慢說話的速度，給人留下誠實的好印象

優秀的推銷員絕大部分都是木訥型的。雖然這並不表示口齒伶俐的人不適合當推銷員，但口齒伶俐並不是一個推銷員所必須具備的條件。事實上，太過於伶牙俐齒，往往會讓人產生反射性的懷疑——真的這麼好嗎？反過來說，若是木訥點，反而會令對方產生「誠實」的印象，會有聽聽看再說的念頭。

當然要促使顧客有購買慾望，必須運用各種促銷技巧才能達成。但最重要的，首先就是獲得對方的信任。

這一點不僅是推銷員，在任何需要說服別人的場合都可能應用得到。尤其是想打動一個人的心時，說話速度太快往往只會導致相反的結果。或許我們是不想浪費對方太多的時間，才會快速地敘說我們所要表達的一切，以免因太多地占用對方的時間而留下壞印象。但事實上，我們傳達給對方的不只是一些表面的數據資料，最重要的是讓對方產生信任感。因此若不能獲得對方的信賴，表達再多的訊息也是枉然。

因此，我們應該借助一些技巧，來爭取對方的信任。其中最簡單且有效的方法，就是將說話的速度放慢。尤其是與人初次見面的時候更須如此，才不會給對方留下輕浮的壞印象。

五、對有信心的事，越小聲敘述越會顯得有份量

人的思想是很奇怪的，他們判斷一件事，有時並不依據對方的說話內容，而是依據對方說話時的表情和態度。

例如，我們責罵小孩時，若用很大的聲音去罵，往往會使小孩產生反抗的逆反心理；反之，若用溫和親切的方式勸導，反而可以收到良好的效果。

打電話給別人時，先問一句：「你現在有空嗎？」

有時別人打來的電話並不見得會受歡迎。因為你在開會或者是正在與重要的客戶談論公事，有時往往會因為一通電話而打斷了你的談話。反過來說，若打電話的人在對方非常忙碌的時候，敘說自己想表達的事，相信對方也不見得會聽得進去。

因此，想讓對方仔細傾聽我們想說的話，就必須讓對方有願意聽我們說話的心情。因此在開始說話以前，先問清楚「你現在有空與我談話嗎」，等對方答應了才開始進入主題。

像這樣先徵求對方同意，再開始進入主題，會給對方非常誠心的印象。反之，若用「談五分鐘就好」這種強迫的方式，然後延長為十分鐘，甚至十五分鐘，那給對方的印象就會非常惡劣。

六、提前十分鐘到達約會的地方

與人約會要守時，是盡人皆知的道理。但若是由自己主動邀請的約會，那我們就必須比約定的時間提前十分鐘到達，以表現出自己的誠意。

不遲到是一種守信的行為，因此可以給人留下誠實的印象，進而對這個人產生信任感。

但最重要的不是守時，而是不讓對方等。因此就算我們準時到達，但若對方已先我們而到，就失去了意義。因此我們應該比預定的時間提早到達，以便等待對方的到來。

另外，我們有時參加一些重要的集會，會讓我們覺得很緊張。此時若能稍早到達約會的地方，讓自己先適應一下環境，那多少可以消除我們的緊張感。

七、直截了當地承認過錯，可以表現自己的坦誠

考試差的小孩，往往會不敢直接回家，或者是回家後找一大堆理由，儘量推卸考不好的責任。

其實，我們向人道歉時，最好的辦法是直截了當地說出對自己不利的一切。這樣原本想對你發動攻擊的人，就會喪失攻擊的動機，因為這正表現了你的誠

實。事實上，這比找一些藉口支吾其詞地向人解釋來得有效且勇敢。

因為支吾其詞，往往會給人逃避責任的印象，並且還會給對方有「他根本就沒有真正認錯的誠意」的感覺。相反地，若直截了當地認錯，就可以增加自己的信譽，讓對方有不妨讓他再試一次的意思。由於道歉當時態度的各異，往往會給人截然不同的感受，這一點我們務必要牢牢記住。

八、與其辯護，不如彌補

某一公司在開會時，發給每位與會者的資料中，因人為因素少印了幾張重要的文件，雖然這幾張文件對該會議並沒有造成嚴重的影響，但事先負責影印這份文件的年輕女職員，卻被她的上司叫去狠狠地罵了一頓。

這位女職員在鄭重道歉後，要求他的上司讓她重新影印一次，把完整的資料補發給與會者人。

聽到她的這項要求，上司對她的印象突然改變了。因為她不只用道歉來彌補這次過失，還設法用實際的行動來彌補自己的過失，表現了強烈的責任感。從此，上司對這位女職員就留下了深刻的好印象。

因此有過失時，與其辯護，還不如立刻提出改善的方法，較能表現自己的責任感，而獲得對方的好感。

九、複述對方的問題足以表現自己對這件事情的認真態度

有一些人雖然喜歡演講，但卻不喜歡答覆台下的人所提出的問題。的確，他們所提問題的內容有時真是莫名其妙，有時甚至會與演講內容毫不相干。關於這一點，有一位評論家所使用的方法就值得我們學習。

他的方法其實也很簡單。每當有人向他提出問題時，他總是不厭其煩地重複一次對方的問題，再開始進行解答。而在重複問題的這一短短的時間當中，他就可以思考著該如何回答。這種方法往往可以給詢問的人留下「他真的在認真思考我的問題」的印象，自然而然地對他產生了好感。另外，重複對方的問題還有另一個優點，那就是可以讓詢問的人確認自己詢問的是否就是這個問題，避免因聽錯或會錯意，而答出不相干的內容。

這種回答的方法在面試等較嚴肅的場合尤其有效。在這種情況下若能用這種方式回答問題，可以給主考官留下「認真」的好印象。試想，如果主考官發

問後，你就立刻回答或沉默不語，主考官會有如何的感覺？收到的效果當然會是負面的。因此，不論回答的答案是否得體，開始回答問題前，先複述一遍問題，絕對可以讓對方留下好印象。

十、積極響應對方的話題

我們打電話時，若對方一直悶不吭聲，我們一定會覺得很不好受，似乎有被對方忽視的感覺。

這一點不只在電話中。就是與人面對面談話時，若對方毫無反應，我們也一定會覺得很不好受。

此時我們雖然可以用「嗯」、「喔」等語氣來表示我們確實在聽，但最好的方法是在說到某一個段落時，重複一次對方所說的內容的重點。這樣不但能消除對方的不安全感，同時也可以讓他覺得我們很專心地在聽，理解力也很強。事實上，這一點在公事上也可以加以應用。當上司命令我們做事時，每次都複述上司命令，則上司會認為下屬確實已經理解了他的命令而感到放心。

另外，複述上司命令，對我們本身而言，同時還具有加強記憶的作用。因此無論從那個角度來看，複述命令對我們而言，是絕對有益無害的。

十一、從容不迫地道別

有些人在他工作告一段落，要與客戶道別時，會一邊整理東西一邊向客戶道別。雖然這很可能是一種無意識的小動作，但這樣做往往會讓人覺得你歸心似箭，而留下壞印象。

我們必須意識到，道別是一種獨立的事件，不可以把它和其他的事情合併進行，否則一定會給對方留下壞印象。

十二、傾聽失意者說話，可以獲得對方的信任感

心裡有什麼不舒服，往往可以因找到傾訴的人而得到鬆弛，而人際關係也因此得到潤滑。

可是人一旦陷入低潮，往往會連與人談話的興致都沒有，但心裡想訴說的苦楚卻越來越多，這是一種惡性循環。

對於這樣的人，我們應該盡力去幫助他。而他實際上最需要的，就是一個願意傾聽他訴苦的人。因此我們可以邀他喝酒或請他吃飯，慢慢地鬆弛他的苦

處，讓他願意開始傾訴他的苦惱，我們若如此地從心底去幫助他，日後他對我們的信任感將會大大增加。

十三、身體姿態，反映品行

在傳統習慣中，與身份地位比自己高的人見面時，為了表示敬意，必須挺直腰坐得端端正正。事實上，就算說話畢恭畢敬，若表現出一副吊兒郎當的態度，別人也絕不會留下好印象。

因此，與第一次見面的人談話時，切記絕不可太隨意，否則就算在其他方面的表現都很好，也會給對方留下壞印象。

學會幽默

幽默是一種魅力，也是一種人格力量。幽默所包含的特性是逗人快樂，所包含的能力是感受和表現有趣的人和事，製造愉悅的氣氛。對於個人而言，懂得幽默的人往往比不懂幽默的人更具有吸引力和凝聚力。

幽默之所以具有魅力，首先是因為它能使人隨和親切、縮短與人之間的距離。具有幽默感的人大都善解人意、樂於助人、與周圍的人關係和諧融洽。因為幽默是人際關係的潤滑劑，使人與人之間團結和諧；幽默是興奮劑，使人際交往更加活躍更加熱情；幽默還是顯示器，向別人顯示自己的友愛與和善。

幽默還可以顯示人的自信。生活中會有不少的挫折和失敗，不具有幽默傾向的人往往易於落入沮喪的情緒當中，而具有幽默感的人，則會用幽默來調侃困難和曲折，用幽默來表達信心與希望。

有一個球隊在國際比賽中失敗了，一位記者不滿地問教練：「你的球隊什麼時候才能轉敗為勝？」這位教練微笑著一攤雙手說：「我想，當賽場上奏起我們國家的國歌時，他們一定打敗了對方。」教練運用幽默，既巧妙地回答了記者的詰問，又表達了繼續努力、爭取勝利的信心。

我們可以想像，這個教練如果痛苦地搖搖頭說：「只有上帝知道。」那他就真成了精神上的失敗者。或者，他若說：「四年之後」，則給人以吹牛的味道。只有運用幽默的回答，才能達到最好的效果。

同時，幽默還可以顯示機智或急智。

第二次世界大戰時，邱吉爾為求得美國的軍事援助而進行了不懈的努力。有一次，他正在浴室，不料美國總統羅斯福進來了。堂堂大英帝國首相一絲不掛的樣子被美國總統撞上，實在有些尷尬。這時邱吉爾並不驚慌，而且雙手一攤說：「你看，大英帝國的首相對你可是毫無保留呀！」兩人頓時相視大笑，氣氛也融洽起來，後來羅斯福也同意了對英國的援助。

幽默還有其他種種好處。總之，具有幽默感，對於表現出一個人的高雅氣質與超凡的人格魅力具有極大的幫助。

幽默是否高不可攀呢？它需要豐富的知識、良好的文化修養、高超的智慧。但只要努力，人人皆可幽默。那我們如何培養自己的幽默感呢？

第一是留心觀察。每個人的周圍都會有不少幽默的言行。對此，有人視而不見，有人充耳不聞，這種幽默的「瞎子和聾子」是永遠不會有幽默感的。只要留心觀察，有心借鑑吸收，你就會成為一個具有幽默魅力的人。你還可以從廣播、電視、書本、報刊裡收集幽默片斷，來豐富自己，並能舉一反三，在生活中轉化成你自己的幽默。

另外，幽默還應多說多練。看到幽默、聽到幽默，是不是樂一樂就結束了？當然不是，幽默品性的形成離不開模仿。許多幽默大師都是透過模仿才敲開幽默的大門的。卓別林的鴨子步走得很滑稽，據他自己說，那是小時候模仿一個醉漢才學來的。

在模仿的基礎上，我們還可以進一步總結幽默的規律。幽默變幻莫測，但也有規律可循。總結規律、抓住本質，就不是停留在一般的模仿上，而是可以發揮創造力製造許多新的幽默。

學習幽默不難，運用幽默也不難。只要你潛心提高自身修養，培養你的機智，豐富你的想像力，幽默就離你不遠。幽默的表現方式多種多樣，學習培養幽默的方法也有許多。無論在生活的哪一方面，幽默感都可以成為改善我們的個性氣質和生活品質的重要力量。你超凡的人格魅力與良好的氣質，都與幽默有很大關係，它可以增加你的吸引力和凝聚力，使你和你周圍的人在莞爾一笑的幽默中，發現人性的優美、善良和生活的樂趣。

打造個人品牌

如果不是「盛名之下，其實難副」的情況，你的名字也同樣成了商品。

在非洲的某個部落，有這樣一個習俗，當一個人觸犯了部落的規矩之後，他（她）的名字就會被取消，這個人就成為了名副其實的「黑人」。

如果說在上述自然經濟的社會中，名字更多表現的是社會道德含義的話，那麼，在市場經濟之下，名字則更多地表現出經濟層面的含義。這是因為，從自然經濟過渡到市場經濟以後，人也已經從自然人變成了經濟人。就如同一個企業一樣，人的名字本身就是「經濟人」這個獨立企業的品牌，同樣具有無形資產的所有經濟學含義，自然也具備貨幣價值。

通俗地講，例如：美國前總統「柯林頓」這個名字就是柯林頓這個「企業」的品牌，柯林頓透過出版自傳、發表演講、參加商業活動等等經濟行為來經營

自己的時候，同時也在利用和打造「柯林頓」這個品牌。他的LOGO就是他那灰白的頭髮和具有明星氣質的紅潤臉龐。

當然，他也可以進行委託生產，比如把「柯林頓」這個品牌交給某個薩克斯風樂器的生產商或者雪茄廠。

可口可樂在全球的工廠即使一夜之間化為灰燼，單憑可口可樂這個品牌就可以在銀行中拿到三百億的貸款。人的名字也是如此，比如《哈利波特》的作者羅琳女士憑藉其名字即可在《哈利波特》第四集尚未動筆之時就得到預付稿酬一千多萬美元。

個人品牌所表現出的經濟形式就是名字的經濟價值及其社會表現。

在這裡，一個人的名字就不僅僅是社會學意義上的「人」的代號，而是包含了認知度、忠誠度、美譽度的一個品牌。這個品牌在經濟活動甚至在非商業的人際交往中，每做出一個動作、每說出一句話都是在經營其自己。

因為「盛名」具有巨大的效益作用，所以，社會上許多人採取了不恰當的包裝方式，千方百計把自己包裝成名人。在甘肅有一個賣硯台暴發了，他就把自己的出身吹噓成是「一門五鳳」的書香門第，至於「一門五鳳」到底是什麼意思，連他自己也弄不清楚，但拿了他贊助的媒體無不按照他的說法，把他說成是書香子弟。

戈培爾說，謊言重複一千遍就成了真理。同樣，虛假的包裝重複一千遍，也會把無名之輩炒作成名人。利慾薰心者無不緊盯媒體，原因正在這裡。

俗話說，要像鳥兒愛惜自己羽毛一樣愛惜自己的名譽。但是，鳥兒愛惜自己的羽毛，是鳥兒確實已經有美麗的羽毛，它怕它的羽毛被毀壞，被玷污，而如果一個鳥兒沒有什麼羽毛，那它也就沒有什麼愛惜的可能。

目前那些以炒作、說謊、欺騙來博得名聲的人，之所以做出許多讓人大跌眼鏡的荒唐事情來製造虛名，除了虛名的誘惑和回報太大之外，他們實在也沒有什麼值得愛惜的「羽毛」。

林肯說過：「你能在所有的時候欺騙某些人，也能在某些時候欺騙所有的人，但不能在所有的時候欺騙所有的人。」欺騙是不能持久的。

我們必須知道好名聲的積累，與財富的累積一樣，同樣需要時間，需要耐心，需要正當的手段。

當然，擁有個人產權的人在收穫自己名聲所帶來的利潤的時候，也要為經營自己所產生的風險負責。正如現代企業的另一個特徵：盈虧自負。

Chapter 7 自信的表現往來禮儀

假設你準備把自己的家重新裝飾一下，你會選擇用什麼物品來裝飾粉刷新的牆壁呢？

A · 畫

B · 照片

C · 年曆日曆

D · 照片

選擇 A：你是一個非常重視生活情調的人，你認為生活中不能夠缺少親情和友情。你最大自信來源於你認為自己能夠好好地安排、處理自己的生活，但是，一旦你的生活遭到人際關係的困擾，就會大受打擊。

選擇 B：在人際關係中，你認為形象非常重要，因此你會盡力維護自己的自尊，注意自己的穿衣打扮。其實，你是一個比較傳統守舊，卻又追求時尚流行的人。

選擇 C：你有很多雄心壯志，深具野心要完成許多工作。生活中，你最大的自信來源於自己的能力得到別人認可。但是你通常不在意自己的行為舉止，而且往往會表現出自己貪婪、勢利的一面。

選擇 D：做任何事情之前，你都會花很多時間，費很大心思來制定一個相當成熟的計劃，工作起來便會遊刃有餘。因此，你最大的自信來源於你高效的工作效率。

邀約的禮儀

在商務交往中，因為各式各樣的實際需要，商務人員必須對一定的交往對象發出約請，邀請對方出席某項活動，或是前來我方做客。這類性質的活動，被商務禮儀稱之為邀約。

邀約有時還被稱為邀請或邀集。從交際的角度來看待邀約，它實質上是一種雙向的約定行為。當一方邀請另一方或多方人士，前來自己的所在地或者在其他某地方約會，以及出席某些活動時，他不能僅憑自己的一廂情願行事，而是必須取得被邀請方的同意與合作。作為邀請者，不能不自量力，無事生非，自尋煩惱，既麻煩別人，又自討沒趣。作為被邀請者，則需要及早地做出合乎自身利益與意願的反應。不論是邀請者，還是被邀請者，都必須把邀約當作一種正規的商務約會來看待，對它絕對不可以掉以輕心。

對邀請者而言，發出邀請，如同發出一種禮儀性很強的通知一樣，不僅要力求合乎禮貌，取得被邀請者的良好回應，而且還必須使之符合雙方的身份，以及雙方之間關係的現狀。

在一般情況下，邀約有正式與非正式之分。正式的邀約，既講究禮儀，又要設法使被邀請者備忘，故此它多採用書面的形式。非正式的邀約，通常是以口頭形式來表現的，相對而言，它要顯得隨便一些。

正式的邀約有，請柬邀約、書信邀約、傳真邀約、電報邀約、便條邀約等具體形式，它適用於正式的商務交往中。非正式的邀約有，當面邀約、托人邀約以及打電話邀約等不同的形式，它多適用於商界人士非正式的接觸之中。前者可統稱為書面邀約，後者則可稱為口頭邀約。

根據商務禮儀的規定，在比較正規的商務往來之中，必須以正式的邀約作為邀約的主要形式。因此，有必要對它做出較為詳盡的介紹。

有鑑於同時受到邀請的往往不止一方，任何被邀請者在接到書面邀請之後，不論邀請者對於答覆者有無規定，出於禮貌，都應盡早將自己的決定通知給對方。

事實上，為了瞭解被邀請者對邀約有何反應，許多邀請者在發出書面邀約時，就對被邀請者有所要求，請對能否到場做出答覆。

通常，類似的規定往往會在書面邀約的行文中出現。例如，要求被邀請者「如蒙光臨，請予函告」，「能否出席，敬請答覆」，以及「盼賜惠覆」，等等。

為了確保被邀請者準確無誤地將有關訊息回饋給邀請者，在書面邀約正文的左下方，循例要將與邀請者聯絡的具體方式，一一詳盡地提供給被邀請者。它們通常包括：電話號碼、傳真號碼、電子郵箱號碼、手機號碼、聯絡地點以及通信地址等。以上這些內容不必一一全部列出，可以根據具體情況從中選擇。不過，聯絡或諮詢的電話號碼這一項，原則上是不能缺少的。

有些善解人意的商界人士為了體諒被邀請者，在發出書面邀約時，往往會同時附上一份專用的「答覆卡」。上面除了「接受邀請」、「不能接受」這兩項內容外，再沒有其他任何東西。這樣，被邀請者在答覆時，只須稍費舉手之

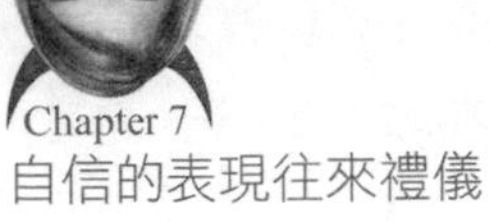

勞，在以上兩項之中，做一回「選擇題」，在二者之一畫上一道勾，或是塗去其一，然後再寄回給邀請者就行了。

沒有在接到書面邀約的同時接到「答覆卡」，並不意味著不必答覆。答覆是必要的，只不過需要自己親自動手罷了。

對書面邀約所進行的答覆，通常採用書信的形式。在商務禮儀中，它被稱為回函。回函基本上都需要親筆書寫，以示重視。如果打印回函，則至少應當親筆簽名。

所有的回函，不管是接受函還是拒絕函，均須在接到書面邀約之後三日之內回覆，而且回得越早越好。

在回函的行文中，應當對邀請者尊重、友好，並且應當對能否接受邀約這一關鍵性問題，做出明確的答覆。切勿避實就虛，讓人覺得「難解其中味」。如果拒絕，則講明理由，就可以了。

回函的具體格式，可參照邀請者發來的書面邀約。在人稱、語氣、措辭、稱呼等方面，與之不相上下，就算不上失禮。

迎來送往

迎來送往，是社會交往接待活動中最基本的形式和重要環節，是表達主人情誼、表現禮貌素養的重要方面。尤其是迎接，是給客人良好第一印象的最重要工作。給對方留下好的第一印象，就為下一步深入接觸打下了基礎。迎接客人要有周密的部署，應注意以下事項。

一、對前來訪問、洽談業務、參加會議的外國和外地客人，應首先瞭解對方到達的車次、航班，安排與客人身份、職務相當的人員前去迎接。若因某種原因，相應身份的主人不能前往，前去迎接的主人應向客人做出禮貌的解釋。

二、主人到車站、機場去迎接客人，應提前到達，恭候客人的到來，決不能遲到讓客人久等。客人看到有人來迎接，內心必定感到非常高興；若迎接來遲，必定會給客人心裡留下陰影，事後無論如何解釋，都無法消除這種失職和不守信譽的印象。

三、接到客人後，應首先問候「一路辛苦了」、「歡迎您來到我們這個美麗的城市」、「歡迎您來到我們公司」等。然後，向對方做自我介紹，如果有名片，可送予對方。

四、迎接客人應提前為客人準備好交通工具，不要等到客人到了才匆匆忙忙準備交通工具，那樣會因讓客人久等而誤事。

五、主人應提前為客人準備好住宿，幫客人辦理好一切手續並將客人領進房間，同時向客人介紹住處的服務、設施，將活動的計劃、日程安排交給客人，並把準備好的地圖或旅遊圖、名勝古蹟等介紹的資料送給客人。

六、將客人送到住地後，主人不要立即離去，應陪客人稍作停留，熱情交談，談話內容要讓客人感到滿意，比如客人參與活動的背景資料、當地風土人情、有特點的自然景觀、特產、物價等。考慮到客人一路旅途勞累，主人不宜久留，讓客人早些休息。分別時將下次聯繫的時間、地點、方式等告訴客人。

接待禮儀

接待客人要注意以下幾點：

一、客人要找的負責人不在時，要明確告訴對方負責人到何處去了，以及何時回本公司，請客人留下電話、地址，明確是由客人再次來公司，還是我方負責人到對方公司去。

二、客人到來時，我方負責人由於種種原因不能馬上接見，要向客人說明等待理由與等待時間，若客人願意等待，應該向客人提供飲料、雜誌；若可能，應該時常為客人換飲料。

三、接待人員帶領客人到達目的地，應該有正確的引導方法和引導姿勢。

四、誠心誠意地奉茶。一般習慣以茶水招待客人，在招待尊貴客人時，茶具要特別講究，倒茶有許多規矩，遞茶也有許多講究。

凡身份高的人會見身份低的人稱為接見；身份低的人會見身份高的人稱為拜會。

會談是指雙方或多方就某些重大的政治、經濟、文化、軍事問題以及其他共同關心的問題交換意見，它的內容較為正式，專業性比較強。在涉外活動中，東道主大都會根據外國來訪者的身份和訪問的目的，安排相應的有關部門負責人與之進行禮節性會見。若是涉及專業問題，則需要雙方進行相應的正式會談。

現今高速發展的社會中，工作緊張，預約通常是會見對方的確保手段，想要拜會一方，應提前將自己的姓名、職務通知對方。接到預約的一方應盡早予以答覆，無故拖延，置之不理是欠妥的，是不禮貌的。如不能如期會見，應向對方解釋，會談亦如此。

同意對方要求時，可主動將會見或會談時、地、人通知對方。會見與會談地點一般都設在會客室或辦公室。

會見中座位的安排是這樣的：主人坐在左邊，主賓坐在右邊，翻譯員和記

錄員坐在主人和主賓的後面。雙方其他人員各自按一定的順序分別坐在左右兩側，主方為左，客方為右。座位不夠可在後排加座。

雙方會談時一般使用長方形的桌子，賓主相對而坐，各自坐在桌子的一邊，以正門為準，主人站背門一側，客人面向正門。主人與主賓應坐在正中間，翻譯員坐在交談人右側，其他人按禮賓順序左右排列，記錄員可安排在後面。有的國家把翻譯員也安排在後面。

如會談桌的一端對著正門，應以進門的方向為準。右為客方，左為主方。小範圍的會談可不擺放會談桌，按照會見時座位的排列擺放沙發即可。舉行多邊會談時，可把座位擺成圓形或正方形，使其無尊卑可言。

會見、會談座位的排列十分重要，所以要提前在現場預備好中外文的座位標籤。

主人應在會見或會談開始之前到達，可以在正門門口迎候客人，也可以在會客室的門口迎候，由工作人員負責把客人引入會客室，待賓主雙方進入會客室後，工作人員負責關好門並退出現場。

若安排會見或會談的雙方合影留念，應在賓主見面握手之後。合影完畢，主人請客人首先入座或雙方一起就座，主人不可以自己搶先坐下。會談或會見結束時，主人應將客人送至車前或門口握別，目送客人離去後再退回室內。

在會見或會談中，旁人不要隨意進出。主談人交談時，其他人員不得交頭接耳，或翻看與此無關的資料。不允許打斷他人的發言，或使用人身攻擊的語言。

迎接和送別禮儀

迎接和送別是常見的社交禮節。在商務往來中，對於如約而來的客人，特別是貴客或遠道而來的客人，表示熱情、友好的最佳方法，就是要指派專人出面，提前到達雙方約定的或者是適當的地點，恭候客人的到來。

若客人來自外地或海外，接待人員應專程提前趕往機場、碼頭或火車站，迎接客人的到來。對外國來訪的客人，通常應視其身份和訪問性質，以及兩國關係等因素安排相應的迎送活動，無論是個人還是團體均應首先確定接待規格。

按照國際慣例，主要負責迎送的人員通常都要與來賓的身份相當，主人身份總要與客人相差不大，與客人對等為宜，也有從發展兩國關係或從當前政治需要出發，破格接待，安排較大的迎送場面。

迎接人員應準確掌握來賓抵達的時間，提前到達機場、碼頭或車站的站台，以表示對來賓的尊重。對外國的國家元首、政府首腦和軍方領導人的來訪，通常要安排盛大的歡迎儀式，而對一般身份的個人或團體則不必如此。

如果是身份較高的客人，應事前在機場（車站、碼頭）安排好休息室、備好飲料。最好在客人到達前就把房間和乘車表告知客人。若做不到，應在客人到達後立即將住房和乘車表告訴客人，或請對方聯絡人轉達。如有必要，應指派專人按規定協助客人辦理入境手續及機（車、船）票和行李提取等事宜。在迎候地點人聲嘈雜或客人甚多，可事先準備好一塊牌子，上書「歡迎某某人來訪」。也可以準備一些小旗子，這樣可以使客人一目瞭然，便於尋找主人。

客人抵達後，若賓主早已認識，雙方直接行見面禮；若是初次見面，一般由禮賓人員或我方迎候人員中身份最高者，率先將我方迎候人員按一定順序一一介紹給客人，然後再由客人中身份最高者，將客人按一定順序一一介紹給主人。

若來賓系貴賓，可安排獻花儀式。賓主相互介紹後，可進入機場、港口、車站的貴賓接待室，請客人休息一會兒，也可以陪同他們直接坐專車前往住宿處。若來賓系一般身份，主人可主動幫助客人提取行李，但是不要主動要求幫助男賓拿公文包、幫助女賓拿手提包。

在迎接外賓的整個過程中，迎候人員應始終面帶微笑，以表示歡迎之意，不要故作矜持，一語不發。

對於來自本地的客人，接待人員一般應提前在本公司住地的大門口或辦公樓下迎候客人。待客人的車輛駛近時，應面帶微笑，揮起右臂輕輕地晃動幾下，以示「我們在此已經恭候多時了，歡迎您的光臨」之意。若來賓德高望重或是一位長者的話，接待人員則應在對方的車子停穩之後，疾步上前，為之拉開車門，並同時伸出另一隻手擋住車門的上框，以協助對方下車。在來賓下車之後，迎候人員應按照身份的高低，依次上前，與對方人員一一握手，並同時道一聲：「歡迎光臨！」或是「歡迎，歡迎！」若對方此刻到場的人員較多，則應有專人出面，按照有關禮儀規範，為雙方人員引見、介紹。

接待來賓時介紹的順序是先介紹主人，後介紹客人。若賓主雙方需要介紹的人員較多，則應依照身份的高低順序，先將己方人員的姓名、職務一一介紹給來賓，再將來賓一一介紹給己方人員。彼此見面後，即由接待人員引導到預定的會客室。

送別客人是接待工作最後的也是非常重要的一個環節。當客人告辭時，應起身與客人握手道別。對於本地客人，一般應陪同送行至本公司樓下或大門口，待客人遠去後再回公司。如果是乘車離去的客人，一般應走至車前，接待人員幫客人拉開車門，待其上車後輕輕關門，揮手道別，目送車遠去後再離開。

對於外來的客人，應提前為之預訂返程的車票、船票或機票。送別外賓，要按照迎接的規格來確定送別的規格，主要迎候人員應參加送別活動。一般情況下送行人員可前往外賓住宿處，陪同外賓一同前往機場、碼頭或車站，也可直接前往機場、碼頭或車站恭候外賓，必要時可在貴賓室與外賓稍敘友誼，或舉行專門的歡送儀式。

在外賓臨上飛機、輪船或火車之前，送行人員應按一定順序與外賓一一握手話別，祝願客人旅途平安並歡迎再次光臨。飛機起飛或輪船、火車開動之後，送行人員應向外賓揮手致意，直至飛機、輪船或火車在視野裡消失，送行人員方可離去。不可以在外賓剛登上飛機、輪船或火車時，送行人員就立即離去。

公務拜訪禮儀

約好去拜訪對方，無論是有求於人還是人求於己，都要在禮節上多多注意，不可失禮於人，而有損自己和公司的形象。

我們要注意的首要規則是準時。讓別人無故枯等無論如何都是嚴重失禮的事情。如果有緊急的事情，不得晚到，必須通知你要見的人。如果無法打電話通話時，需請別人幫你打電話通知。如果遇到交通阻塞，應通知對方要晚一點到。如果是對方要晚點到，你將要先到，可以充分利用剩餘的時間整理一下思路，耐心等對方到來。

當你到達時，告訴接待員或助理你的名字和約見的時間，遞上你的名片以便助理能通知對方。冬天穿著外套的話，如果助理沒有主動幫你脫下外套或告訴你外套可以放在哪裡，你就要主動問一下。

在等待時要安靜，不要透過談話來消磨時間，這樣會打擾別人工作。儘量不要不耐煩地總看手錶。如果你等不及，可以向助理解釋一下並另約一個時間。不管你對要見的人有多麼不滿，也一定要對接待或助理有禮貌。

當你被引到約見者辦公室時，如果是第一次見面，就要先做自我介紹；如果已經認識了，只要互相問候並握手就行了。

一般情況下對方都很忙，所以你要盡可能快地將談話進入正題，而不要閒扯個沒完。清楚直接地表達你要說的事情，不要講無關緊要的事情。說完後，讓對方發表意見，並要認真地聽，不要辯解或不停地打斷對方講話。你有意見的話，可以在他講完之後再說。

拜訪還應注意以下禮儀：

第一，講究敲門的藝術。要用食指敲門，力度適中，間隔有序敲三下，等待回音；如無應聲，可再稍加力度，再敲三下；如有應聲，再側身隱立於右門框一側，待門開時再向前邁半步，與主人相對。

第二，主人不讓座不能隨便坐下。如果主人是年長者或上級，主人不坐，

自己不能先坐。主人讓座之後，要口稱「謝謝」，然後採用規矩的禮儀坐姿坐下。主人遞上煙茶要雙手接過並表示謝意。如果主人沒有吸煙的習慣，要克制自己的煙癮，儘量不吸，以示對主人習慣的尊重。主人獻上果品，要等年長者或其他客人動手後，自己再取用。即使在最熟悉的朋友家裡，也不要過於隨便。跟主人談話，語言要客氣。

第三，談話時間不宜過長。起身告辭時，要向主人表示：「打擾」之歉意。出門後，回身主動伸手與主人握別，說：「請留步。」待主人留步後，走幾步，再揮手致意：「再見。」

辦公室人員舉止禮儀

辦公室的人員是一個集體，無論是對本公司還是外來人員，都應表現一個集體的每個成員對他人、對社會的尊重和責任心。

一個企業待人接物的禮儀水準，正是從每個員工的言行舉止中表現出來的。因此，每個員工都應牢記，自己的言行代表著企業的形象，應自覺地遵從辦公室禮儀。

一、儀表端莊，儀容整潔

無論是男、女職員，上班時應著正式服裝。有些企業要求穿制服，以表現嚴謹、高效率的工作作風，加深客人對企業的視覺印象。有些企業雖沒有制服，但都對上班時的服裝提出明確的要求。

男士上班應穿白襯衣或西服，打領帶。襯衣的下擺一定要扎入褲腰裡。應穿深色的皮鞋。服裝必須乾淨、平整，不應穿花襯衣、拖鞋、運動服上班。不留鬍鬚，不留長髮，頭髮梳理美觀大方，才能襯托出本人良好的精神狀態和對工作的責任感。

女士上班應著西服套裝或連衣裙，顏色不要太鮮艷、太花俏。上班不宜穿太暴露、太透明、太緊身的服裝或超短裙，也不能穿奇裝異服、休閒裝、運動裝、牛仔裝等。應穿皮鞋上班，皮鞋的顏色要比服裝的顏色深。應穿透明的長筒絲襪，襪口不能露在裙口下，不能有勾破的洞。不應穿涼鞋、運動鞋上班。佩戴首飾要適當，符合規範。髮型以保守為佳，不能新潮。最好化淡妝上班，以表現女性端莊、文雅、自尊自重的形象。

二、言語友善，舉止優雅

辦公室工作人員的站坐行走，舉手投足，目光表情，都能折射出一個人良好的文化素養、較強的業務能力和工作責任心，同時也表現了企業的管理水準。

真誠微笑是一般社交場合最佳心態的表現。微笑是一種無聲的語言，它是對自己價值的肯定，對他人的寬宏和友善，是穩重成熟的表現。微笑是自信、是真誠、是自尊、是魅力的表現。

上班時與同事、主管微笑問好，下班微笑道別。接待人物、邀請、致謝都應有真誠的微笑。不要把喜怒哀樂都流露於臉上，否則會讓人感到你不夠成熟、自控力不強。

在辦公室講話時話語要謙和，聲音要輕，不能在辦公室、走道上大聲呼喚同事和上級，無論是對同事、上級還是來訪者，都應使用正式用語。在辦公室裡，說話不要刻薄，與同事開玩笑要適度，不能挖苦別人，惡語傷人，更不能在背後議論主管和同事。

體態優雅公司職員的行為舉止應穩重、自然、大方、有風度。走路時身體挺直，步速適中、穩重、抬頭挺胸，能給人留下正直、積極、自信的好印象。不要慌慌張張，讓人感到你缺乏工作能力。坐姿要優美，腰挺直，頭正，不要趴在桌子上，歪靠在椅子上。有人來訪時，應點頭或鞠躬致意，不能不理不睬。工作期間不能吃東西、剪指甲、唱歌、化妝，與同事追追打打有失體面。談話時手勢要適度，不要手舞足蹈，過於做作。

三、恪守職責，高效穩妥

公司職員應樹立敬業的精神，努力使自己做一行，愛一行，鑽一行，以飽滿的工作熱情，高度的工作責任心，開創性地做好自己的工作。工作中一絲不苟，精益求精，講究效率，減少或杜絕差錯，按時、按質、按量完成每一項工作。主管交給任務時，應愉快接受，做好記錄，確保準確。然後認真辦理，及時回報。恪盡職守，嚴守機密。

商務交談的重要原則

交談是商務談判的中心活動。而在圓滿的交談活動中，遵守交談禮儀具有十分重要的作用。

一、尊重對方，諒解對方

在交談活動中，只有尊重對方，理解對方，才能贏得對方感情上的接近，從而獲得對方的尊重和信任。因此，談判人員在交談之前，應當調查研究對方的心理狀態，考慮和選擇令對方容易接受的方法和態度，瞭解對方講話的習慣、教育程度、生活閱歷等因素對談判可能造成的種種影響，做到多手準備，有的放矢。交談時應當意識到，說和聽是相互的、平等的，雙方發言時都要掌握各自所占有的時間，不能出現一方獨霸的局面。

二、與他人保持適當距離

說話通常是為了與別人溝通思想，要達到這一目的，首先必須注意說話的內容，其次必須注意說話時聲音的輕重，使對話者能夠聽明白。這樣在說話時必須注意保持與對話者的距離。另外還存在一個如何才更合乎禮貌的問題。從禮儀上而言，說話時與對方離得過遠，會使對話者誤認為你不願向他表示友好和親近，這顯然是失禮的。然而，如果在較近的距離和人交談，稍有不慎就會把口沫濺在別人臉上，這是最令人討厭的。有些人有湊近和別人交談的習慣，要知道別人顧忌被自己的口沫濺到，於是先知趣地用手掩住自己的口。這樣做形同「交頭接耳」，樣子難看也不夠大方。因此，從禮儀角度而言一般保持一兩個人的距離最為適合。這樣做，既讓對方感到有種親切的氣氛，同時又保持一定的「社交距離」，在常人的主觀感受上，這也是最舒服的。

三、恰當地稱呼他人

無論是新老朋友，一見面就得稱呼對方。每個人都希望得到他人的尊重，人們比較看重自己業已取得的地位。對有頭銜的人稱呼他的頭銜，就是對他莫大的尊重。直呼其名僅適用於關係密切的人之間。你若與有頭銜的人關係非同一般，直呼其名來得更親切，但若是在公眾和社交場合，你還是稱呼他的頭銜會更得體。對於知識界人士，可以直接稱呼其職稱。但是，對於學位，除了博士外，其他學位，就不能作為稱謂來用。

四、及時肯定對方

在談判過程中，當雙方的觀點出現類似或基本一致的情況時，談判者應當迅速抓住時機，用溢美的言辭，肯定這些共同點。贊同、肯定的語言在交談中常常會產生異乎尋常的積極作用。當交談一方適時中肯地確認另一方的觀點之後，會使整個交談氣氛變得活躍、和諧起來，陌生的雙方從眾多差異中開始產生了一致感，進而十分微妙地將心理距離拉近。當對方贊同或肯定己方的意見和觀點時，己方應以動作、語言進行回饋交流。這種有來有往的雙向交流，易於雙方談判人員感情融洽，從而為達成一致協議奠定良好基礎。

五、態度和氣，語言得體

交談時要自然，要充滿自信。態度要和氣，語言表達要得體。手勢不要過多，談話距離要適當，內容一般不要涉及令人不愉快的事情。

六、注意語速、語調和音量

在交談中語速、語調和音量對意思的表達有比較大的影響。交談中陳述意見要儘量做到平穩中速。在特定的場合下，可以透過改變語速來引起對方的注意，加強表達的效果。一般問題的闡述應使用正常的語調，保持能讓對方清晰聽見而不引起反感的高低適中的音量。

七、使用敬語、謙語、雅語

敬語，亦稱「敬辭」，它與「謙語」相對，是表示尊敬禮貌的詞語。除了禮貌上的必須之外，能多使用敬語，還可表現一個人的文化修養。敬語的運用場合：

第一，比較正規的社交場合。

第二，與師長或身份、地位較高的人的交談。

第三，與人初次打交道或會見不太熟悉的人。

第四，會議、談判等公務場合等。

我們日常使用的「請」字，第二人稱中的「您」字，代詞「閣下」、「尊夫人」、「貴方」等，另外還有一些常用的詞語用法，如初次見面稱「久仰」，很久不見稱「久違」，請人批評稱「請教」，請人原諒稱「包涵」，麻煩別人稱「打擾」，托人辦事稱「拜託」，讚人見解稱「高見」等都是常用的敬語。

謙語，亦稱「謙辭」，它是與「敬語」相對，是向人表示謙恭和自謙的一種詞語。

謙語最通常的用法是在別人面前謙稱自己和自己的親屬，如稱自己為「愚」，稱家人用「家嚴、家慈、家兄、家嫂」等。自謙和敬人，是一個不可分割的統一體。儘管日常生活中謙語使用不多，但其精神無處不在。只要你在日常用語中表現出你的謙虛和懇切，人們自然會尊重你。

雅語，是指一些比較文雅的詞語。雅語常常在一些正規的場合以及一些有長輩和女性在場的情況下，被用來替代那些比較隨便，甚至粗俗的話語。多使用雅語，能表現出一個人的文化素養以及尊重他人的個人素質。在待人接物中，要是你正在招待客人，在端茶時，你應該說：「請用茶。」如果還用點心招待，可以用「請用一些茶點」。假如你先於別人結束用餐，你應該向其他人打招呼說：「請大家慢用。」雅語的使用不是機械的、固定的。

只要你的言談舉止彬彬有禮，人們就會對你的個人修養留下較深的印象。只要大家注意使用雅語，必然會對形成文明、高尚的社會風氣大有益處，並對於整體民族素質的提高有所幫助。

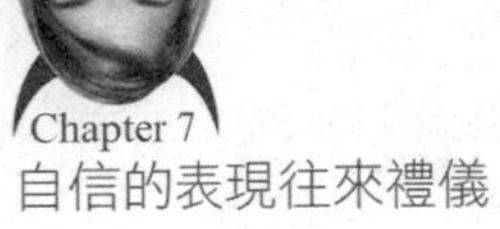

營造成功談判氣氛的藝術

一個成功的談判會引領重要合作的順利開始，要想成功地進行談判，掌握如何創造一個良好的會談氣氛是十分重要的。

首先，抓住會談開始的前奏，營造一個有利於自己的氛圍。良好的開端是成功的一半。雙方人員見面之初，免不得要互相介紹、寒暄。這時，就應抓緊時機，對會談氣氛施加影響，同時談判人員應特別注意禮儀修養，態度應熱情誠懇，以便先入為主，消除距離感。一般以中性話題作為開場白，設法引起雙方的共鳴，使雙方在感情上接近許多，然後再進入正題就比較自然了。但應注意開場白的時間不宜過長，應控制在談判時間的五%之內。

其次，選擇一種比較自然、隨和進入會談正題的方式。以輕鬆自然的語氣先談些雙方容易達成一致意見的中性話題，引起雙方的共鳴。這種容易獲得肯

定回答的方式，有助於創造一種「一致」的氣氛，有利於最終達成一致意見。

再次，雙方談判要表現出真誠的合作態度，尊重對方，雙方爭取在一個友好、平等的位置上展開談判。任何性質的談判，最終目的都是想取得符合雙方利益的積極成果。因此，談判過程中，談判人員要做到以下幾點：

第一，要誠懇、積極的溝通，使人感到有誠意。

第二，儘量的適應對方需要，儘量滿足對方的合理要求，求得雙方的共同利益，避免正面衝突，鞏固發展已形成的良好氣氛。

第三，要簡單明瞭的發表意見，切忌長篇大論，滔滔不絕。盛氣凌人的講話態度很容易引起對方的反感，不利於談判的發展，甚至會陷入僵局。注意傾聽對方發言，不要隨意打斷別人談話，更不能不等對方講完話就批駁，待對方發表完意見後，再闡述自己的見解。

洽商應注意的禮儀

恰當、得體、有效的洽商詢問應注意以下幾點：

首先，應當以自然方式進行探索性詢問。萬事禮為先，禮多人不怪。詢問時，應儘量使用委婉的問話方式，先試探性的詢問一下，在別人有其他事情要處理時，盲目地打擾他人，容易引起反感。另外要注意語氣平和親切，不要使對方感到好像「查戶口」，咄咄逼人，這會給人居高臨下，不尊敬自己的感覺，容易使對手產生防範心理，以致於回答問題謹小慎微，甚至不予合作。

其次，對於實質性的詢問，事先應做好充分的準備。詢問前應做好充分的資料準備，不但可以做到胸有成竹，避免浪費時間，還能顯示對對方的足夠重視，表明自己的誠心，如購買某種商品、業務人員對這種商品的品質、品種、裝運等情況作過全面瞭解，問起問題就會顯得更加得心應手。

再次，聆聽的過程中要認真仔細，避免心不在焉。如果對該回答不滿意還需繼續提問，應該耐心地等對方回答完上一問題後，再提出問題，進行查問。查問還應注意現場氣氛，如果雙方注意力都集中在另一問題上，就不宜撇開主題強行詢問。對於被詢問一方在回答對方提出的問題時，應態度坦誠，實事求是地針對對方所問作答，不要閃爍其詞。如果對某個問題確實不瞭解或者不便回答，則可委婉說明，以免令對方尷尬或出現僵局，不可露出不耐煩的神情。

推銷禮儀

市場經濟的今天，為了使新產品一經推出就占據有利的市場地位，不少企業採取了各式各樣的市場推銷的做法，其中之一就是由推銷員去開拓市場。推銷員掌握適當的禮儀修養對成功推銷是很有必要的。

一、推銷員要有相當扎實的知識

1.企業知識。瞭解和掌握行銷學的基本策略和手段，學會市場調查和銷售預測的基本方法，善於觀察、發現市場變化的發展趨勢。

2.商品知識。不僅熟悉本企業商品的性能，價格、品種等，而且能區分同類競爭產品的異同，及各自的特色，就能更好地為顧客服務，成功地推銷商品。

3.心理學知識。要懂得一些心理學知識，瞭解顧客購買心理，善於針對不同類型、不同購買習慣的顧客選擇與之相應的服務方式。豐富廣博的知識，能提高推銷員的自信。在銷售中有問必答，既表現了對顧客的尊重，又增強了顧客對推銷員的信賴。

二、要有服務意識

推銷員與顧客打交道時，應對顧客想要瞭解和期望的事情，儘快盡早地提供服務；注意尊重顧客的想法、人格地位等。

三、具備較好的表達能力

推銷員應具有較強的語言表達能力，能夠因時因地對不同推銷對象選用恰當的詞彙，講究語言技巧。透過自己鮮明而富有感染力的語言表達，激發顧客的購買慾望。

四、還要善於克制自己的情緒

克制自己是推銷員禮儀修養的一個重要方面。從事推銷工作，受人冷淡是常有的事，此時須善於克制。顧客對產品、推銷員本人產生抗拒心理是常見的，有時會遇到顧客的過分挑剔和一再地拒絕。然而，就是在多次拒絕之後往往有一次顧客改變了主意，採納了你的推銷計劃。因此，推銷員應有百折不撓的精神。

商務送禮的五個規矩

商務送禮既然是一門藝術，自有其約定俗成的規矩，送給誰、送什麼、怎麼送都很有奧妙，絕不能瞎送、胡送、濫送。根據古今中外一些成功的送禮經驗和失敗的教訓，所以我們應該注意下述原則。

一、禮物輕重得當

一般而言，禮物太輕，又意義不大，很容易讓人誤解為瞧不起他，尤其是對關係不算親密的人，更是如此，而且如果禮太輕而想求別人辦的事難度較大，成功的可能幾乎為零。但是，禮物太貴重，又會使接受禮物的人有受賄之嫌，特別是對上級、同事更應注意。除了某些愛占便宜又膽子特大的人之外，一般人就很可能婉言謝絕，或即使收下，也會付錢，要不就日後必定設法還禮，這樣豈不是強迫人家消費嗎？如果對方拒收，你錢已花出，留著無用，便會生出許多煩惱，就像平常人們常說的「花錢找罪受」，何苦呢？因此，禮物的輕重選擇以對方能夠愉快接受為尺度，爭取做到少花錢多辦事；多花錢辦好事。

二、送禮間隔適宜

送禮的時間間隔也很有講究，過頻過繁或間隔過長都不合適。送禮者可能手頭寬裕，或求助心切，便時常大包小包地送上門去，有人以為這樣大方，一定可以博得別人的好感，細想起來，其實不然。因為你以這樣的頻率送禮目的性太強。另外，禮尚往來，人家還必須還情於你。一般來說，以選擇重要節日、喜慶、壽誕送禮為宜，送禮的不顯得突兀虛套，受禮的收著也心安理得，兩全其美。

三、瞭解風俗禁忌

送禮前應瞭解受禮人的身份、愛好、風俗習慣，免得送禮送出麻煩來。有個人去醫院看望病人，帶去一袋蘋果以示慰問，哪知引出了麻煩，正巧那位病人是上海人，「蘋果」跟「病故」二字發音相同。送去蘋果豈不是咒人家病故，由於送禮人不瞭解情況，弄得不歡而散。有鑑於此，送禮時，一定要考慮周全，以免節外生枝。例如，不要送鐘，因為「鐘」與「終」諧音，讓人覺得不吉利；

對藝術涵養高的人若送去一幅仿畫反而造成反效果。

四、禮品要有意義

禮物是感情的載體。任何禮物都表示送禮人的特有心意，或酬謝或求人，或聯絡感情等。所以，你選擇的禮品必須與你的心意相符，並使受禮者覺得你的禮物非同尋常，備感珍貴。實際上，最好的禮品應該是根據對方興趣愛好選擇的，富有意義、耐人尋味、品質不凡卻不顯山露水的禮品。因此，選擇禮物時要考慮它的思想性、藝術性、趣味性、紀念性等多方面的因素，力求別出心裁，不落俗套。

五、送禮要有技巧

送禮是一門投富技巧的學問，懂得送禮技巧，不僅能達到大方得體的效果，還可增進彼此感情。

1.選擇的禮物，你自己要喜歡，自己都不喜歡，別人怎麼會喜歡呢？

2.避免幾年選同樣的禮物給同一個人的尷尬情況發生，最好每年送禮時做一下記錄為好。

3.千萬不要把以前接收的禮物轉送出去或丟掉它，不要以為人家不知道，送禮物給你的人會留意你有沒有用他所送的物品。

4.切勿直接去問對方喜歡什麼禮物。一方面，可能會因他的要求導致你超出預算；另一方面，你即使照著他的意思做，也可能會出現偏差而不盡如人意的情況。

5.切忌送一些將會刺激別人感受的東西。

6.不要打算以你的禮物來改變別人的品味和習慣。

7.必須考慮接受禮物人的職位、年齡、性別等。

8.即使你比較富裕，送禮物給一般朋友也不宜太過，而送一些有紀念的禮物較好。如你送給朋友兒子的禮物貴過他父母送他的禮物，這自然會引起他父母的不悅，同時也會令兩份禮物失去意義。

9.謹記除去價錢、品牌及商店的袋裝，無論禮物本身是如何不名貴，最好用包裝紙包裝，有時細微的地方更能顯出送禮人的心意。

10.考慮接受者在日常生活中能否應用你送的禮物。

商務電話的接聽

一、電話鈴聲響兩聲後，必須接聽。如果超過三聲鈴響，再接電話，必須先說：「對不起」或「對不起，讓您久了」。

二、接聽電話首先應該說：「您好！」。

三、接聽電話時必須保持足夠耐心、熱情。注意控制語氣、語態、語速、語調，語言親切簡練、禮貌、和氣。要具有自己就代表公司的強烈意識。

四、要仔細傾聽對方的講話，一般不要在對方話沒有講完時打斷對方。如實在有必要打斷時，則應該說：「對不起，打斷一下。」

五、對方聲音不清楚時，應該善意提醒：「聲音不太清楚，請你大聲一點，好嗎？」

六、如電話打進來了，對方要找的同事不在，禮貌的做法是先向對方說明情況，再詢問對方名字，並考慮如何處理；如果要求對方不要掛斷時，一定要不斷向對方打招呼，表示你還在留心這通電話，待同事回來後，立即轉告並督促回電。

七、轉接電話時，首先必須確認同事在辦公室，並說：「請稍等。」

八、轉接電話時，按鍵應該短促乾脆，不要過長時間按著（一般不超過一秒鐘），撥完分機號碼後，輕輕掛上電話。

九、談話結束時，要表示謝意，並讓對方先掛斷電話。不要忘了說再見。

十、如果談話所涉及的事情比較複雜，應該重複關鍵部分，力求準確無誤。手機的出現和廣泛使用，使得人們之間的聯繫更為便捷，但如果在使用時不注意禮儀，就會干擾了別人，給別人帶來不方便。

首先，在音樂會、重要儀式、重要集會等正式、莊重的場合不能用手機。萬一要用，應調成振動，把對他人的影響降到最低。

第二，手機最好不要放在身體的明顯部位，也不要總是拿在手裡，應該放在口袋中或皮包裡。

第三，不要在大馬路上一邊走一邊打電話。如果確實有急事，可站在某個安靜人少處打。平時與人共進餐時（特別是自己做主人請客戶時）也最好不要使用手機。如果有重要的電話需接聽時，最好說一聲「對不起」，然後去洗手間接，而且一定要簡短，這是對對方的尊重。當著客人的面打電話，會使客人不知所措。

▶ 我是害羞？還是社交恐懼症？：教你變身成為社交人氣王（讀品讀者回函卡）

■ 謝謝您購買這本書，請詳細填寫本卡各欄後寄回，我們每月將抽選一百名回函讀者寄出精美禮物，並享有生日當月購書優惠！
想知道更多更即時的消息，請搜尋"永續圖書粉絲團"

■ 您也可以使用傳真或是掃描圖檔寄回公司信箱，謝謝。
傳真電話：（02）8647-3660　　信箱：yungjiuh@ms45.hinet.net

◆ 姓名：＿＿＿＿＿＿＿＿　□男　□女　　□單身　□已婚

◆ 生日：＿＿＿＿＿＿＿＿　□非會員　　□已是會員

◆ **E-mail**：＿＿＿＿＿＿＿＿　電話：(　)＿＿＿＿

◆ 地址：＿＿＿＿＿＿＿＿＿＿＿＿

◆ 學歷：□高中以下　□專科或大學　□研究所以上　□其他＿＿＿＿

◆ 職業：□學生　□資訊　□製造　□行銷　□服務　□金融
□傳播　□公教　□軍警　□自由　□家管　□其他＿＿＿＿

◆ 閱讀嗜好：□兩性　□心理　□勵志　□傳記　□文學　□健康
□財經　□企管　□行銷　□休閒　□小說　□其他

◆ 您平均一年購書：□ 5本以下　□ 6～10本　□ 11～20本
□21～30本以下　□ 30本以上

◆ 購買此書的金額：＿＿＿＿＿＿

◆ 購自：□連鎖書店　□一般書局　□量販店　□超商　□書展
□郵購　□網路訂購　□其他

◆ 您購買此書的原因：□書名　□作者　□內容　□封面
□版面設計　□其他

◆ 建議改進：□內容　□封面　□版面設計　□其他＿＿＿＿

您的建議：

剪下後傳真、掃描或寄回至「22103新北市汐止區大同路三段194號9樓之1讀品文化收」

廣 告 回 信
基隆郵局登記證
基隆廣字第 55 號

2 2 1-0 3

新北市汐止區大同路三段 194 號 9 樓之 1

讀品文化事業有限公司 收

電話/(02)8647-3663 傳真/(02)8647-3660

劃撥帳號/18669219 永續圖書有限公司

請沿此虛線對折免貼郵票或以傳真、掃描方式寄回本公司，謝謝！

讀好書品嚐人生的美味

我是害羞？還是社交恐懼症？：教你變身成為社交人氣王